学术作为一种志业

1917 年 11 月上旬的一天，马克斯·韦伯应一个自由学生团体的邀请，在慕尼黑市的斯坦尼克艺术厅发表了以《学术作为一种志业》为题的演讲。

当时在欧洲处于后进地位的德国，正处在向现代社会转型的艰难时期。社会动荡，战争与革命的乌云同时笼罩着德意志民族的心灵。面临如此混乱的世局，大学生们热切期望作为他们思想导师的韦伯，能够为他们具体指明，应该选择何种具体的政治立场，然而韦伯却没有满足学生们的热望。他以学者的坦诚，用近乎冷酷的态度，探讨了在一个因理性化而使世界除魅的近代条件下，学术还能否成为人们满足终极关切的志业的问题，在韦伯看来，这是远比在历史的某一瞬间德国的政治局势更为重要的事件。

在希腊哲人看来，学术可以导向真、善、美；在中古的神学家看来，学术可以获得灵魂的救赎，指出通向神的道路；在信奉实证主义近代的社会科学家看来，学术可以获得实践的指南。在中国古人看来，学术是认识天道、成贤成圣的途径。而在现代背景下，韦伯认为，以学术为志业，也就意味着在文化领域的诸神争战中，选择以知性作为自身的神明，而无惧于其他神祇与偶像。所谓知性，即自发产生概念和思维对象的能力，它利用主体提供的先天范畴对感性的杂多进行整理和综合，从而获得规律性的认识。正是知性，对应着从事社会科学研究的认识能力与认识过程。

韦伯进而提出了两条原则，即学者为世界祛除巫魅的权利不受约制，同时，学者也没有牺牲理智的权利。

在他看来，只有恪守这两条原则的人，才有资格选择学术作为自己的志业。

社会科学是世界文明走向理性化时代的学术理性。它预设了一个开放的社会，因为只有在这样的社会里，才会有真正的社会科学。我们可以说，不但社会科学由于为“世界祛除巫魅”的作用，可以促进社会循着理性化的方向发展；而且一个社会中社会科学的发展状况及其命运如何，也可以成为衡量这一社会理性化程度的天然标尺。在考虑达成社会发展的目标时，人们不能不以理性的态度处之，也不能不考虑手段的功能与有效，这也就意味着，现代人不能不依赖于社会科学的知识，不能不依赖以政治为志业的政治家和以学术为志业的学者的结合。

王　焱

2015 年元月 31 日

目录

卷首语 | FORWORDS

001 王　焱　学术作为一种志业

随　笔 | ESSAYS

004 许章润　约伯之间，无解

008 郭于华　路上的风景，归谁所有?

011 邝海炎　在不吃狗肉背后

014 赵　峰　好苹果，小龙虾

聚　焦 | PERSPECTIVE

再议性文化与时代变迁

016 王一丹　于闽梅　女德班与厌女症

024 方　刚　太极旗下的性别话题

035 潘绥铭　性资本，还是性风采?

社　会 | SOCIETY

043 张天潘　网络政治：另一种权利生活

049 吴万伟编译　汽车也疯狂

学术圈 | ACADEMICAL CIRCLE

053 罗　东　叙事圈套，还是社会学想象力?

064 赵毅衡　趣味符号学（之二）

074 张杨波　枪炮与社会学：二战中的社会学家

079 康子兴　如何在现代社会追求“脆弱的幸福”?

社会思想 | SOCIAL THOUGHT

089 李文倩　何种普遍主义，谁之特殊性?

099 肖　瑛　乡愁与社会学

阅 读 | READING
105 李红兵 米兰·昆德拉的可能性之树
111 李公明 那些你不想与之共进晚餐的人

文 化 | CULTURE
115 郑也夫 古今神游客，关学奠基人
120 王学泰 余生几朝夕，宜乐不宜哀——读启功先生诗词
128 张宗子 《绿野仙踪》没有讽刺乾隆皇帝
136 傅 铿 梦回佛罗伦萨

世 相 | MASSES
143 林 寒 中国人 iphone 热的社会学思考
151 张 闳 大字报

主编 张立升 执行主编 王 焱
执行主编助理 王 萍
责任编辑 马 洁
封面设计 蔡立国
山东出版集团 山东人民出版社出版发行
网址 http://www.sd—book.com
社址 济南市胜利大街 39 号 邮编 250001
编辑部电话（0531）82098911
E—mail：majie0720@126.com
发行部电话（0531）82098021
邮发代号 24—192

图书在版编目（CIP）数据
社会学家茶座.第 51 辑 / 张立升主编
济南：山东人民出版社，2015.3
ISBN 978-7-209-08845-9
Ⅰ.①社… Ⅱ.①张… Ⅲ.①社会学—文集 Ⅳ. ①C91-53
中国版本图书馆 CIP 数据核字（2014）第 030021 号

山东临沂新华印刷物流集团印刷
16 开本（172×232 毫米） 10 印张 160 千字
2015 年 3 月第 1 版 2015 年 3 月第 1 次印刷
定价：18.00 元

约伯之问，无解

许章润

深重的存亡遭际、传奇性的宗教纠结和仿佛独特而诡秘的谋生技艺，在造就了犹太民族令人浩叹、不可抹杀的文明位格的同时，也带给这一民族万千苦难。梳理人类文明史，千头万绪，但是，犹太民族及其文明智慧，却是不可或缺的部分，也是永远绕不开的话题。撇开这些不谈，但就近世科学和文化来看，一两百年间，犹太人的贡献尤为卓著。科学天才、哲思巨人和文学大家，如繁星浩瀚，在令人顿生贡献与人口不成比例之际，不免油然而生莫非真有“选民”之慨。当今世界，犹太人口只占0.2%，在美国约占2%，但却摘取了22%的诺贝尔奖，20%的菲尔兹奖，以及67%针对40岁以下经济学家的约翰·贝茨·克拉克奖。据说，38%的奥斯卡最佳导演奖、20%的普利策新闻奖与13%的格莱美终身成就奖，亦为犹太裔斩获。

他们是一群什么样的人呢？难道是上帝的直系亲戚？抑或，上帝原本就是他们的造物，上帝降临到人间，虽说允为万民的父，却也免不了一点点偏心的私情？

令人目瞪口呆之际，可能未曾回视，其实，犹太人的辉煌是法国大革命“解放人类”以后方始出现的新型世界性现象。此前他们被迫局限于少数几种职业，生计黯淡，仿佛是一个遭受了“诅咒”的民族呢！不用说科学和文化的创造，就连生存，两千年里，还曾濒临绝境，几陷灭亡。“秋夜永，月华寒，无寐听残漏，人间先老”，犹太人差不多就是弃民的代名词嘛！但是，正如早期在美华人只能开设洗衣房和中餐馆，当然也不能与白人妇女通婚，

许章润：清华大学法学院教授。

可断不能由此就说华人的智识和本性只配从役苦力，而不能出几个杨振宁、李振道，闹闹场子。同理，“解放”后的犹太民族，穷则思变，积数代人之功，汇五千年记忆，呼儿嗨哟，一下子群星灿烂，又有何大惊小怪的呢！从低位阶的社会分工向受人尊敬、需要更高智慧的行业攀升，是一切民族的生存动力，更何况深蕴宗教感和历史感的犹太人！

其间曲折，身为犹太人的茨威格解析细致，洞若观火。1941年，几经辗转，流亡拉美，茨威格动手写作《昨日的世界》，以此玫瑰色的回忆向这个黯淡肮脏的人世告别。在他的忆述中，犹太人内心深处都不愿被人视为只讲买卖、无知无识、将一切视为交易之族。毋宁说，希望儿女读书用功，跻身“更加纯洁、不计金钱的知识阶层”，才是最终理想。一个身扛背包、日晒雨淋沿街叫卖的小贩，胼手胝足，也要做出最大牺牲，想方设法至少供养一个儿子接受高等教育。以前天限地囿，攀登无门，无缘此境；一旦解禁，人身获得了松绑，则创造力和想象的智慧，背负着雪耻和好奇的双重嘱托，便如白云遨游于天穹。因着特别珍惜这来之不易的机会，所以用力尤勤，功力日积，功效遂显，两百年下来，蔚为大观矣！实际上，直到今天，在政治上直接下场博弈，有形无形，依然多所忌惮，则科学和文化领域正是其纵横捭阖之所也！——朋友，看看恢复高考后神州大地无数中下阶层家庭父母含辛茹苦供养子弟读书的情景，想想古典中国教子读书、博取功名的中国式奋斗，这一切的一切，不就一目了然了吗！

此处尚有一个伏笔，即通常大家艳羡的犹太人敛财之术——姑且承认确有此术——不是天生的，相反，却是被迫局限于少数几个行当，无奈何，后天逐渐习得的。千年磨砺，千年生聚，自然如有神助，这才闹大了。但是，也正因为闹大了，所以，整个犹太民族便仿佛受到了金钱的诅咒，一如其秉受金钱的祝福。因此，还如茨威格所说，将自己和整个犹太民族从金钱的不幸中拯救出来，成为“解放”以后犹太人家督导儿女发愤读书上进的基本背景。所以，犹太家族中追求财富的劲头往往经过两三代人之后，便告衰竭，家族生意鼎盛之际，子孙们恰恰移情别恋，不思接班。此时此刻，耶诞一千八九百年前后，他们秉此家世财富和发愤劲头，奋勇进入繁复的科学和文化迷宫。于是，银行世家罗思柴尔德出了个杰出鸟类学家，犹太律师的儿

子以其犀利呐喊敲动了整个地球，爱因斯坦不小心窥破了上帝的心思。

对此，茨威格写道：

> 这些都不是偶然现象，他们都被一个无意识的相同欲望所驱使：要使自己摆脱那种只知冷酷地赚钱的犹太人小天地。也许，这也正表现了他们那种隐藏的渴望：通过进入知识阶层，从而使自己摆脱那种纯粹犹太人的气质而获得普遍的人性。（斯蒂芬·茨威格：《昨日的世界——一个欧洲人的回忆》，舒昌善译，三联书店 2010 年版，第 12 页）

这“普遍的人性”一语，道出了多少心酸和无奈，它们的背后该是如同长河一般的眼泪和鲜血。什么叫“普遍的人性”？难道民族特性不是一般而普遍的人性？纷纭各异的民族个性不是否定，恰恰相反，倒是证明了人性的丰富性吗？没有各美其美的民族个性，一如缺失了头角峥嵘的个体的禀性，所谓的普遍人性存放于何处？如何显现？再说，假如普遍的人性是一个单数，那么，谁能代表？又如何代表呢？这里，与其说茨威格是在表明犹太人向敌视的世界讲和，不如说是在不动声色地控诉。

控诉什么呢？

朋友，控诉这横加于犹太人的千年无妄之灾，兄弟阋墙，让一个民族四散流浪，永远寄人篱下；控诉种族和民族之间的藩篱、隔阂、猜忌和仇恨是如此之深重，它们不曾随着“解放”而消逝，却变本加厉；控诉尽管一意归化，归化于那“普遍的人性”，可无论怎样努力，终还被视为异类，其心必异的猜疑之下是无形的隔离大墙，以及动辄得咎的替罪厄运；控诉这个号称文明的世界，为何竟然蒙昧于“在讨饭袋和监狱面前，无人安全”这一自明之理；控诉每个民族都认为自己站在正义一边，可危险恰恰在此，明眼人立于悬崖，却明哲保身，装聋作哑；控诉人心惟微，人性惟危，这“普遍的人性”真的就是人

之本能、本心与本性吗？！

可能，这倾泻而来的控诉就是“约伯之问”，而它是无解的。“失败者在心灵上是优越的”，也许。还有，如茨威格所言：“一旦主人将魔鬼关在门外，十之八九，魔鬼会被迫从烟囱或者后门进来。”（斯蒂芬·茨威格：《昨日的世界——一个欧洲人的回忆》，舒昌善译，三联书店2010年版，第19页）

因此，话题收回来，面对今日犹太人的科学和文化成就，大家应当献上敬意，却无需惊诧。因为，那背后掩藏着两千年流浪的历史记忆所铸就的深刻苦难、永远无法抚平的深重的危机感，还有，关于生存的希伯莱智慧。

半个多世纪以来，巴勒斯坦人也在流浪，四处流浪。以犹太民族的智慧，不难想见此种境况之于一个民族的深刻悲凉，以及，当然会引发的山崩海啸般的愤怒。

料想今宵，不知天待雪，神光穿透诸天下，那耶路撒冷的神圣地界儿，那加沙和拉姆安拉的坦荡砂砾之上。

路上的风景，归谁所有？

郭于华

一放暑假，就开始了旅行。先后去了离北京不远的内蒙正蓝旗上都湖（小扎格台斯淖）、西乌珠穆沁旗成吉思汗瞭望山、古若斯台花海、克什克腾旗黄岗梁、达里湖、乌兰布统等景区。真是美丽的地方，让人心旷神怡，脑清心静。这些草原、森林许多都是路上的风景，即公路穿景区而过，而景区的收费处就在路上，设卡卖票。如此一来，就出现一个问题，公路是国道、省道或县道，通常不是高速路不收取费用。查了一下，如若收费，应该是国道收费站属于省公路局，收费归省财政；县道收费站属地方交通局，收费归市或县财政。那么作为景区门票收取的费用归了谁？肯定有人说，归了景区，用于修建设施和管理等等。

但问题又来了，这类景区多属自然风景，天成的草原、湖泊、森林、山丘，更是当地居民的生产生活场所。开发为景区后，风景也成为商品，其市场收入理应有当地居民一份。可问题是门票收入并不会落入当地农牧民的腰包，这部分钱的下落就成为人们关注却不得而知的疑问，也当然会引起方方面面争论。一个不远的例子是著名的湖南凤凰古城：

> 4 月 10 日，湖南凤凰古城将原来免费的古城景区和南华山神凤景区合二为一“捆绑销售”，对游客收取 148 元的门票。正式收取门票当天，凤凰县共接待游客 7200 人，旅游收入 499.6 万元，同比分别增加 48.91% 和 52%。当地居民反映：门票制实施以后，游客量明显减少，街上的游客还不足以前的一半，很多店面几乎无生意可做，各处的吊脚楼

郭于华：清华大学社会学系教授。

> 客栈以前房源十分紧张，现在则出现大批“退订”，一些小的工商户开始转让商铺。此现象引发社会舆论的高度关注，也引起各方对收费“合理性”的质疑。（http://news.sina.com.cn/z/fhgcsf/）

无独有偶，在紧挨着内蒙克旗乌兰布统景区的河北围场县塞坝景区，是从内蒙古回北京的必经之路，要想行走此路必须购买景区门票 130 元 / 每人，不管你是否停留于此观景游玩。回京途中被拦于此，怎么说都不行，建议对方采纳内蒙乌兰布统景区的做法：“路经车辆在限定时间内通过，不收取门票；超过规定时间者收费”，被对方一口回绝，真是“若从此处过，留下买路钱”呀，被告知如果不交费只能绕行多伦县。有当地人告诉我，绕行太远，还不如交了门票钱划算。我们气不过返回内蒙辖区绕行，果然这一绕就多出一百多公里，而且路途坎坷，方向标示缺失，具体说就是内蒙区域内高速、省道都已经修好，宽阔平坦，爽快无比；而一到河北界，高速路迎头断，必须下到庄稼地里的土路来回绕，而且没有任何路标指示，全凭一路打问，问到非本地人，大家都是一头雾水。

作为社会学者，凡遇到困难、曲折总爱追根刨底问个究竟。这样一次遭遇让我马上想到的问题是，风景的产权应该归谁？由风景的商品化产生的收益应该归谁？穿过景区的道路谁可以走？这些问题看上去不难回答：当然归当地所有的居民。而现实中就不这么简单了。就理论而言，一片美丽的风景，是当地的一种资源，能将旅游者吸引而来。人们围绕着风景这种商品的交易可能包括景区门票，旅游者在当地的食、宿、购物等消费，满足其欣赏美景、放松身心的需求；当地居民可经营饭店、旅馆、交通运输、游玩项目、土特产和纪念品出售等，通过旅游市场提升自己的生活水平；地方政府作为管理者，应提供水、电、道路等公共设施的建设和治安维护等公共服务，并从风景的经营者手中取得合理的税收。如此，各司其职，各守本分，互惠互利，本可造成和谐、多赢的局面，应然如此。

这种应然状态的出现恰恰是哈耶克所分析的“自发秩序”的形成过程，在哈耶克看来，市场秩序并不是人类的设计或意图造成的结果，而是一种自发的产物。风景的商品化也同样基于自由选择的交换，在交换过程中形成“秩序”。要让作为消费者的游客在多种相互竞争的商品中自主选择，愿买愿卖，

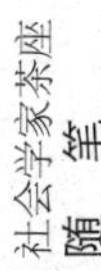

心甘情愿地掏钱，卖方必须因尽可能满足了消费者的需求而获得收益，这也是米塞斯主张的“消费者主权”，这就是市场自发秩序作为“看不见的手”的作用，而不可以是政府权力干预或控制下的强买强卖。

哈耶克认为，演化理论在社会事务领域应用的一个重要启示是，没有设计者的设计是可能的而且是我们身在其中的秩序的基本特征。并非哪有秩序，哪里就必定存在某个发号施令的人。以我们去过的乌兰布统景区为例，不是周末和节假日的时候，酒店标准间的价格在200元左右，较正式的酒店和家庭旅馆的价格相近；而一到周末和假日，所有酒店、旅馆的价格翻倍，甚至涨到五六百，而且还一房难求，要早早预定才行。这就是市场供需关系、价格机制在起作用，本不需人为干预。

然而我们所面临的现实却不是如此应然。权力，作为“看得见的手”，直接伸向旅游市场，封土围地，设卡堵路，为的是从中获利。如此作为，导致的后果就是，如凤凰古城，作为同时是人们的生活空间，实行门票制后，游客不足以前的一半，许多店铺无生意可做；或者像我这样的旅行者，宁可绕路而行，也不愿意被强按头消费风景，被迫观赏的那还叫风景吗？缺少了消费者，商品的卖方当然收益减少，不利于当地人们通过市场经济改善生活；而且抢占风景资源、与民争利（暂且不提大兴土木、胡搭乱建造成的破坏）的有关部门又能得到什么好处呢？美丽风景，作为大自然的馈赠，作为原住民的生产生活资源和世代守护的家园，就这样在非正常市场的商品化过程中被消耗、浪费，真是令人痛惜惋惜。

这是在看风景的路上对读哈耶克著作的实际体会，记于此。

在不吃狗肉背后

邝海炎

每年五六月，网上都会掀起“抵制狗肉节”和“反抵制狗肉节”的舆论。从权利角度看，反对别人吃狗肉当然没道理。狗粉说，“狗能与人进行情感交流，不能吃”，那养蜜蜂的对蜜蜂有感情，还有养蛇的，养蚂蚁的……动物权利论的鼻祖辛格主张对动物采用平等的道德考量，他逻辑彻底，因此主张素食。可中国的狗粉却是吃着鸡肉三明治、啃着牛排反对别人吃狗肉，这是辛格所说的“动物种族主义歧视”，更是鸡贼人格。

动物保护主义率先在欧美兴起不偶然，农业社会转向城市社会后，人们对自然的态度也从实用主义转为浪漫主义。宠物不仅可以营造一个“浪漫化的自然”，更可以显示“人类的爱心”。主张保护野狼的美国年轻一代可能一辈子都没见过狼（在新英格兰狼已灭绝百年），但蒙大拿牧民因野狼造成的牛羊损失却实实在在。更残酷的事情是，每当地震后，很多城市都会捕杀犬类，为什么？因为这些狗会吃尸体。你要那个时候还主张保护狗就是奇葩了。

所以，是否吃狗肉，还是汪曾祺在《四方食事》中说得得体：“有些东西，自己尽可以不吃，但不要反对旁人吃，不要以为自己不吃的东西，谁吃，就是岂有此理。比如广东人吃蛇，吃龙虱；傣族人爱吃苦肠，即牛肠里没有完全消化的粪汁，蘸肉吃。这在广东人、傣族人，是没有什么奇怪的，他们爱吃，你们管得着吗？……总之，一个人的口味要宽一点，杂一点，对食物如此，对文化也应该这样。”

但是，反对别人吃狗肉没道理，并不意味着狗肉节不该受到抵制。康德

邝海炎：就职于《南方都市报》评论部。

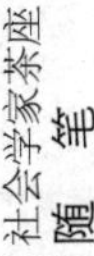

认为，道德法则是理性人基本于善的意志，为自身立法，只有理性行为者的自律才是有道德价值的。因此，人类对动物没有直接的道德义务，人对动物仁慈是想以此培养对其他人的仁慈。要是狗粉从这个角度打造道德“逼格”，以逼格对吃狗肉形成压力倒不失为一种推进动物福利的好办法。

事实怎样呢？随着爱狗人士对玉林狗肉节的抵制，当地政府面临的压力确实与日俱增。2013 年，玉林食药监局的李骏青局长还在节上表态“你要是敢干涉吃狗肉，他们会提刀杀人的！”2014 年，玉林当地就或明或暗地出台了三项规定，其中包括“禁止公务员及家属在最近一个月内公开吃狗肉”，以及把饭店的“狗”字遮蔽。背后的妥协意味不言自明。既然吃狗肉是个人的权利，玉林官方又为何妥协呢？

在政治学典范理论中，有一条理论，指的是竞争性政治体系中，当只有两组竞争者时，双方为争取中间势力，会将自己的立场尽量放宽，避免极端的政策位置，从而双方的政策会向中间位移。比如美国的民主、共和两党现在的政策明显趋同，英国的工党和保守党亦如此。但台湾近年来的几次大选表明，这个理论也许需要修正。按照青年学人尹钛的分析，2004 年大选，面对重新整合后的在野势力，陈水扁采取极端的“台独”立场，通过不断宣示“台独”理念而巩固“台独基本教义派”力量，同时令人惊异地将泛蓝选票板块往泛绿方向拉动，终于能够以微弱优势再次赢得大选。陈水扁这种有悖政治原理的超常规操作之所以能够成功，是因为台湾的选民在许多政策上固然早有看法（政策偏好），但对于有些问题却未必有定见，其中最重要的就是“统独”问题。所以，只要不断地激化“统独”对立，就能有效制造选民焦虑，这时候能提出具体、坚定方向的一方，即使不为选民信任，或选民不喜欢其方向，恐怕也只有接受妥胁，否则就要陷入空虚无助之中。

同理，在反对吃狗肉这个问题上，狗粉的激烈反应，造成了一种“吃狗肉就是逼格低”的氛围，而且始终咬定“狗肉节上的狗，以偷盗为主，而并不是规模化养殖的肉狗”。更让玉林官方疲于应对，在“多一事不如少一事”的心理下，干脆出来撇清关系。总之，在某些非常规情况下，对某些敏感而没有社会共识的话题进行深度挖掘，利用这一话题分化社会群体，然后采取极端立场，反而可以起到更好的动员和说服效果，对社会道德产生拉动。

狗粉通过激烈极端立场营造“吃狗肉是逼格低”的战略企图虽然没问题，但战术上却过于急躁。这里不妨回顾一下梁武帝推广素食的历史经验吧。中国佛教并不是一开始就吃素，吃素是佛教传入中国将近五百年以后的事，而这事的总导演就是南朝的梁武帝。梁武帝为何要煞费苦心地推动佛教僧团的素食运动？而当时的佛教僧团为何愿意配合？“王力足相治问”固然是个重要因素，在国家力量威胁下，梁朝僧侣不管意愿如何，大概也没有太多选择的余地。只是，《断酒肉文》颁布之后不过三四十年，梁朝即已灭亡，其他君主不见得有梁武帝那样的虔诚，想要严格执行素食规定。再说，就算梁武帝对僧团素食的意愿非常坚定，当时他所能掌控的领土只是淮河以南，北方僧团并不在他的统治下，就算后来有北齐文宣帝的支持，文宣帝的统治时间更为短暂，为何北方僧团仍然接受了素食的要求？

对于这一问题，台湾学者康乐先生在他的《佛教与素食》一书中有着精彩解答。在传统的士农工商社会里，出家的僧人到底扮演什么角色？梁武帝想要解决这一关键问题。“饮食男女，人之大欲存焉”，能克服这两项人类本能的诱惑，无疑可以得到一般人的钦佩与尊敬。所以，梁武帝在《断酒肉文》里向参与大会的僧侣指出：佛教僧侣饮酒食肉的话，在社会评价上不但比不上道教，甚至连在家人也不如，那僧侣还有什么立足之地？因此，佛教僧侣必须要有其独特、且值得尊敬的生活样式，塑造出一种属于自己的形象与身份，从而超然于士农工商之上。这是梁武帝坚持佛教僧侣必须拒绝酒肉的主要缘故。后来的南宋大儒朱熹对佛教毫无好感，甚至主张“释老之学尽当毁废”，但对于素食主张却没有抨击。这也说明，梁武帝的素食改革契合了社会需求，使佛教一下子占住了“爱惜生命”“慈悲”的精神高地，也就在中国社会有了一席之地。

看到了吧，即使如梁武帝这样握有普遍王权的九五之尊，他也没有强迫治下所有人吃素，而只是说服自己所属的宗教团体吃素。这种通过“先锋队”的道德感召来提升社会道德的模式是相当高明的——对外，它默认了社会上的精神等差和信仰多元，给各种宗教信仰与思想留下了竞争空间；对内，它使信仰者获得一种受社会尊重的身份认同激励。

这才是稳健的逼格生产体系，中国狗粉听得进这些吗？

好苹果，小龙虾

赵　峰

这些年吃小龙虾变得异常火爆。

夏秋季节，满大街争相开张的“正宗小龙虾”店都是“潜江”的。据说是潜江的下岗工人开发了这种原来无人问津的吃食。

儿子说要和朋友一起去一趟潜江，尝一尝真正“正宗”的小龙虾。

我对到潜江能不能吃到正宗的优质的小龙虾表示怀疑。我的依据来自阿尔奇安“好苹果运出华盛顿”的思想。

前些年读张五常的某个文集，了解到这个理论。据说，华盛顿盛产苹果，品质优良，享誉全美。但是，在华盛顿本地却没有优质苹果出售。阿尔奇安的解释是，好苹果与坏苹果的运费是一样的，好苹果有着更大的升值空间，于是被运往外地。

听起来有道理。小龙虾的情况似乎也应该是这样的。小龙虾不易储存，不易运输，这就意味着较高的运输成本。优质小龙虾当然会更好卖一些，更容易卖出好价钱，因此会优先销往外地市场如武汉。在云南香格里拉的时候，当地人总是说，好的松茸都卖到日本人的餐桌上了。在洪湖的时候，当地人总是说，最好的螃蟹早就被武汉的餐馆订购一空了。而且，如果说好吃的小龙虾不仅取决于小龙虾本身，还取决于烹饪技术的话，因为人才可以自由流动，而且在武汉这样的大城市机会会多一些，收入会高一些，因此当地水平高的厨师说不定也跑到武汉了。

赵峰：华中师范大学经济与工商管理学院教授。

想着这些，我头脑里浮现经济学的完美逻辑。我自信地推测，在武汉也可以吃到“正宗”的“潜江”小龙虾，而在潜江却不一定。

儿子还是和朋友一起去了。

回来说，在潜江吃到的小龙虾确实更好一些，新鲜，大个，肥美，匀称。油焖大虾的味道似乎比武汉的要浓烈一些，要丰富一些。要论小龙虾的“正宗”，只能是在潜江。

这让我怀疑起“好苹果运出华盛顿”的理论。

没错，单就运费及增值空间而言，好苹果更容易运出华盛顿。但是，这并不意味着在华盛顿就没有好苹果。如果好苹果在华盛顿也可以卖出好价钱，为什么要舍近求远？潜江当地开发出小龙虾的各种吃法，小龙虾在当地应该有着广大的市场，在当地也可以卖出好价钱。正是因为小龙虾的运输成本问题，更优质的小龙虾被留在当地也是可能的。而且，因为当地有着更悠久的吃小龙虾的历史，当地居民对小龙虾的味道即厨师的水平要求更高一些（他们有着更强的信息甄别能力），好的厨师在当地才混得下去。在外地号称“正宗”的更可能是南郭先生。

而且，地域性的小吃往往具有地域特点，因为与气候、水质、材料、文化等等因素有关，只有在相应的地域才能做出特别的品味。我在全国很多城市都吃过“云南过桥米线”，但是，云南之外，没有一个地方是真正过桥米线的味道。在云南，没有一个地方的过桥米线赶得上发源地蒙自的。

经济学是用来解释现实的。但是，阿尔奇安的“好苹果运出华盛顿”只是从某个角度解释了好苹果为什么比坏苹果更容易运出华盛顿，但不能解释在华盛顿是否也可能有好苹果。经济学家往往在某些限制条件下解释自己意图解释的问题，而更多的超越自己视野的问题就被忽略了。

我的这次“走麦城”也不仅仅因为我盲信经济学家或者经济学。

我本来就不赞成儿子为吃一顿小龙虾而舟车劳顿长途跋涉的。

因此，是我的“利益”让我选择了一个可以帮助我解释的理论。

女德班与厌女症

王一丹　于闽梅

一

“厌女症”（Misogyny）又称“厌女主义”或“女性贬义”，在医学上指对女性的仇恨或强烈偏见。这种贬义通常是指男性针对女性的贬义，但有时也存在女性贬义女性的状况。

“厌女症”来源已久，它的来源可以追溯到古希腊。古希腊被公认最具智慧的哲学家之一亚里士多德就有严重的厌女倾向。他曾有过一番著名的言论：

> 男人的魄力在于控制，女人的勇气存在于服从中。物质渴求着形式，就像女人渴求着男人，丑陋渴望着美丽。
>
> 女人的牙齿比男人少，女人是不完整的或畸形的男人。……一般来说，女人是下等的存在。一出悲剧中女性角色太聪明或太勇敢都是不合适的。
>
> 男子生来就属于上等，女子则属下等，前者治人，后者治于人。

亚里士多德和孔子虽然同样歧视女性（后者有“唯女子与小人难养也”之类的论调），但孔子生活在封建专制下的古代中国，而亚里士多德生活的雅典城邦，则是世界民主制度的发源地，古代雅典民主政治的发生地。然而他的观点和封建社会下的思想家竟如此一致。这一定是有原因可循的。

我们来看看雅典的“民主政治”，所谓的“民主”针对的只是城邦内不

王一丹：中国青年政治学院中文系学生；于闽梅：中国青年政治学院中文系副教授。

到五分之一的成年男性公民，要成为所谓“公民”，必须是父母祖籍均属城邦的成年男性，也就是说，女子即使满足一切条件，但她们的性别决定了她们不可能被归属到“公民”的范围。她们不能参加选举，无权决定城邦内部的事务，实际上地位和奴隶并无太大差别，即使是“公民”的妻子，也是“沾”丈夫的“光”，才有资格参与公民活动。

在雅典社会中，各个“国家机关”的运转悉数依靠男性公民来维持，即使是地位同样低下的奴隶，也是身为男性的社会最底层的建设者，而女性，在城邦的统治者看来，对城邦的发展是没有什么贡献的。因此，城邦中的女性处境就变得十分尴尬：一方面她们不会像奴隶一样被毫无人权地四处驱使；但另一方面，她们也享受不到公民权利，无法得到男性的尊重。

长期生活在这样的社会中，亚里士多德自然会产生对女性的不公正判断，由于女性在社会中没有发挥作用，或者说发挥了但是不易被察觉和计量，对于女性的轻视和歧视便会迅速发展。

在传统中国的文本中，把女性妖魔化的歧视行为也很普遍，如《水浒传》等文本。以潘金莲为例，她原本并不是这样一个水性杨花、心狠手辣的女子。她出身低微，但本性善良坚贞，若真贪图荣华富贵、床笫之欢，早就从了大户，何必“去告主人婆，意下不肯依从”呢？潘金莲的确有错，但使她迈出这一步的是王婆和西门庆，是他们给潘金莲设计了这样一个圈套，后来的潘金莲杀夫，也是出于这二人的唆使。但是，从原著的描写中，我们看不到作者对于这一问题的思考。潘金莲最大的罪行，在作者看来就是去追寻自己的幸福，在现代人看来，这种幸福虽不道德但罪不至死，然而在施老先生的眼中，在婚姻之外去寻找幸福的女性就是十恶不赦的。这是典型的父权社会的价值观，在这种价值观中，女性可以不美、不勇敢、不坚强，但一定要“听话”、顺从，否则就是妖女、荡妇。潘金莲如此，阎婆惜和潘巧云何尝不是如此？她们都是婚姻不幸的女子，与扈三娘的默默接受不同的是，她们都想冲出不幸的牢笼，于是在施耐庵看来，她们的罪行都不可饶恕。

可见，“厌女症”的产生，其实是建立在对于性别的错误认知上的。正是因为父权社会下的女性被要求听话和顺从，才让习惯了这样的女性的男子对于有自己的思想、敢于挣脱男权的枷锁追逐幸福的女性产生了强烈的不满

和怨恨，这种情感影响着男性作家，甚至一部分女性作家，使他们在作品中极度地妖魔化这类女性，从而产生了潘金莲这类让后人唾骂的女性形象。也即，“厌女症”其实是父权制社会下，男权思想长期压迫女性的产物。

二

五四运动在中国的妇女解放运动史上可谓里程碑式的存在。这一时期的中国女性从相夫教子的男性附属品走向了经济独立，许多学校也取消了性别禁令，一大批渴望知识的女性走进了校园，以长沙抗婚女青年赵五贞、李欣淑为榜样，众多女性踏上了追求婚姻自由的道路……（徐胜萍：《五四时期中国妇女地位的变迁》，《东北师大学报》2000 年第 6 期）

然而，这种在 20 世纪 20 年代被鼓励的进步思潮，却在 90 年后的今天遭到了指责和污蔑，号召女性回归家庭、回归传统贤妻良母的“顺从”思想又开始在各个城市兴起。在广东东莞，蒙正国学馆举办的“女德培训班”异常火爆，吸引了一批批女性的关注，有十八九岁的年轻女孩，也有四五十岁的中年妇女，并得到了她们的认可和赞赏。那么这个拥有良好口碑的“女德班”到底在教授这些女性什么呢？

从《叶二娘东莞手记：女德馆的日与夜》中，我们发现，女德馆的日程设置可以大致归类为以下三个部分：

一、授课部分。以女德馆的讲师为主导，传授课程。课程包括了讲授“妇德女道”、强化传统男女分工观念、学习封建社会女子的“万福礼”“常礼”等。

二、“平民偶像”上台演讲。为了让学员们从心底接受讲师们所说的“女德”，成功案例必不可少，因此，一大批“平民偶像”走进女德馆的课堂，用自己的亲身事例来证明传统的伦理道德不容置疑的正确性。

三、学员集体忏悔。在为期一个星期的课程里，几乎每天晚上，女德馆的工作人员都会组织学院进行忏悔活动。在这种活动中，一批批学员走上讲台讲述了自己的心酸经历并发自内心地悔过“我错了”，而这些“忏悔”都被摄影师记录了下来，其中很多片段在经过剪辑和编辑后将被制作成光盘并挂上国学馆的官网。

关于“妇道女德”的内容，可以用“四妇德，三女道”来总结，所谓“妇德”，分别从容貌、语言、行为举止等方面归纳女子应遵从的规范。而“女道”，则分别为“姑娘道”“媳妇道”“老太太道”。其中，“妇言”和“妇功”旨在告诉学员女性要有内在美，三条女道中的“老太太道”也是旨在促进家庭和睦，暂且不表。但“妇容”和“妇行”都在讲什么呢?

关于这些内容，女德馆馆长黄城的观点可以作为这一周课程传授的观念的代表。

在黄城的字典里，“妇容”即是指女子不能打扮，不能散发，不能剪短发等等。

为此黄先生还专门举例道：“很多人不背朱子家训，还不如五六岁的孩子。有5岁的孩子，看见自己的妈妈，浓妆艳抹要出门，马上大声背诵：‘妻妾切忌艳妆！’妈妈一听惭愧了，马上卸妆，换成普通衣服。”

而关于“妇行”，黄城是这么解释的：“女人为什么说她“贱”呢?女人就是轻浮，轻浮就是下贱。”“你坐下来，左手挡在前边，别人就不敢对你胡思乱想。”

而在谈到“媳妇道”时，黄城则开始“控诉”那些离异的女性。

“你看现在的女人，连两个人过（一夫一妻）都要离婚，你是为他人着想还是为自己着想?闹离婚的，很容易造就一个犯罪分子。那些监狱里的人，75%以上都是单亲家庭。母凭子贵，女人要做圣母不要做罪母。”

“还有人要做女强人，想要比男人还厉害。你这么想做男人，就先落掉你女人的特点，子宫切掉，乳房切掉。所以不能这么想，要各尽本分，当我们一步一步这么走，就得到了宇宙的真道。”

黄城的这些言论，可以概括为以下几点：

第一，女人天生轻贱，至于梳妆打扮，那更是轻浮的证据，所以这样的女性遭受了侵犯和暴力是“活该”。

第二，男尊女卑是“宇宙真理”，女性就应该“在家从父，出嫁从夫，老来从子”，任何“妄想”和男性取得平等地位乃至在某一方面超过男性的想法都是不道德的、应该坚决打击的。

第三，既然“出嫁从夫”，那么女性在婚后就应该处处顺从丈夫，即使丈夫有天大的罪行、对你再怎么不好，也决不可有离婚的想法。如果夫妻离婚，

错误一定都是妻子的。

就是这些荒谬的观点，却得到了学员们的一致赞同，成为了七天课程的主线，并在几位“平民偶像”的演讲中得到了落实。

这几位平民偶像中，有的是事业成功的“女强人”，有的是农村妇女，有的是知识女性，虽然身份迥异，但她们有一个共同点：那就是都把“女德”当成救命的良药。

在这几位“老师”中，最有名的一位叫谷爱琳，她在很多地方的女性论坛上都做过演讲。她说她的原则有四项“打不还手，骂不还口，逆来顺受，坚决不离婚”。以下是她的部分言论截取：

……哪有男人的责任，都是女人的责任。嫁鸡随鸡，嫁狗随狗，就算你嫁了一块石头，也要用爱心、耐心，将石头变成一颗闪闪发光的钻石。

丈夫不是在打骂，是在成就你。把一个傻乎乎的女人培养出来，那能叫骂吗？不算骂。

只要我们都按五伦八德去做，我们的祖国就会国泰民安，永远屹立在世界的东方。

这样可笑的“逆来顺受”的理论，居然出于一位现代女性之口，令人感到毛骨悚然。

而另一位名叫李硕的“老师”的言论则更是惊人。

在中学里，很多同学早恋，但是我没有，我在成长时每一步都把外婆和妈妈的教育拿出来约束自己。但是大学的时候，我开始谈恋爱了。我向我的父母和祖宗忏悔：对不起我错了。

我从小学一路上来，到大学都坚持不跟男同学同桌，更不会跟异性拥抱拉手。这些传统美德都是来自外婆从小对我点点滴滴的教育，才能在这样物欲横流的社会保留一些女人珍贵的传统，我感激我的外婆。

一位到了法定结婚年龄的女性，却因为恋爱背上了沉重的心理包袱，认为自己对不起家人，对不起祖宗；一位受过高等教育的女性，却认为男女同桌是违背传统的、不道德的。而这些听演讲的女性中却没有一位发现其中的不合理，这难道是巧合吗？

如果说以上两位女性的观点让人感到震惊的话，那么这位叫宋玉萍的“偶像”的言论，则可以说让人目瞪口呆。

> 听完课以后，咱们女人就要低低的，矮矮的，回去生出一颗心。要想：“老公能要我们，我们就满足了。”男人娶谁都是丈夫。你老公样样不好，你咋还嫁他了呢？你怎么就没嫁给非常成功的人呢？你有那个德行有那个命吗？所以有这么一个人让我们服务，我们应该感到幸运。你能嫁给老公，你老公能娶你，是千年修来的。

如果我们仔细观察这三位“偶像”的发言，就很容易发现，这些言论有一个中心思想，那就是认为女性是男性的附属品，必须顺从男性。而且这个“男性”的所指是特定的对象。除了这个特定的男性外，和任何男性稍微亲密的接触都应被视作是不道德的错误行为。

从这三位女性的发言中，我们可以感受到她们对女性社会价值的贬低，这完全符合“对女性的强烈偏见”，而馆长黄城那一套“妇德女道”，也很明显地体现了他对于现代女性的强烈敌视和偏见，对落后的“三纲五常”“男尊女卑”价值观的拥护，以这四位为代表的东莞女德班讲师，是典型的“厌女症”患者。奇怪的是，就是这样一群人，他们的理论却得到了以女德班学员为代表的大批女性和众多男性的支持。这个中原委值得深思。

三

内在性和超越性最早是由黑格尔提出的，波伏瓦在《第二性》中用这两个概念时，把内在性和超越性界定为女性和男性的不同生存状态。对于女性来说，她们每天重复地从事着家务劳动就是一种内在性的行为，她们的工作对于历史的发展不会产生任何影响。而男性则不同，因为在家庭中女性承担着大部分乃至所有的工作，因此男性并不用担心他的物质性需求，从而他可以自由地从事某方面的工作，而这种工作对于历史的进程是有重要作用的，因此他在这世界上以某种方式占据着重要的位置。

女性则完全隐没在家务中，重复的劳动，并非她自己不想思考，而是她的工作不会给她思考的区间。也正因此，女性的“他者”身份开始确定不断地强化。男性以自己的标准来给女性划分和定义女性，女性则从一出生就活在男性父权的阴影下，没有一套女性评判男性的体系和标准。因为她是客体，

是被观看、被评判的对象，她所拥有的一切都是男性——男性社会——“赐给”她的，她从一出生就被剥夺了和男性同样的思考、创造的机会，人们只需要她不断练习，以使自己的言行举止符合男性的需要。中世纪的欧洲贵族女孩由于从小就被教导要胆小、柔弱，以至于见到老鼠便会条件反射地晕倒——尽管她们可能并非真正害怕。

我们从“女德班”的一些教条中，大致可以看出这种由生理结构造成的女性地位的表现。黄城所推崇的“在家从父，出嫁从夫，老来从子”理论，实际上显示的是，由于身处父权社会，女性基本上不可能找到经济独立的途径，出嫁前靠父亲养活，出嫁后倚仗丈夫的收入度日的局面。这是“厌女症”产生的根源。

由于男性的超越性，实际上在家庭中，是他带来收入，保障了整个家庭的最基本的生存。在家庭中，女性和男性的关系，有点像奴隶和主人，男性需要的女性是能够使家庭内部干净和谐，不干涉到他的空间的女性，简单地说，就像主人希望奴隶能干又听话。然而对女性而言，尽管她的内在性主宰着她，也仍然会有渴望超越的时候，这也就是为什么在封建伦理下仍然会产生那么多“叛逆者”的原因，不管是《牡丹亭》里的杜丽娘，还是《桃花扇》中的李香君，她们都敢于反抗加诸于她们身上看似不可违抗的命运。

一个主人会喜欢叛逆的仆人吗？答案是否定的。同样的，在已有的社会秩序下，男性对于叛逆的女性也是无法接受的。女性在男性看来就永远是被看的客体，是“他者”，这也就是为什么即使到了今天女性能够取得独立的经济地位、能够突破自我的限制尝试着去超越的时代，“男女平等”仍然是一句实现不了的口号的原因。我想也正是因为这个原因，“女德班”教授的那一套在现代知识分子看来荒谬可笑的理论，仍然受到了大批女性的追捧——从叶二娘的文章中我们可以得知这些女性虽然年龄跨度较大，但文化水平都不算高，而且大部分来自偏远的城郊或农村，在这些地区，这些封建时代的扭曲价值观在女性的脑海中仍然是教条般，应该供奉起来不可侵犯。因此，在占了女性总人口数的很大部分基数的这群人的传播下，对于同性的歧视和偏见在女性中便流行了起来。

四

做女人想成为贤妻良母吗？想知道如何相夫教子吗？想做既有幸福家庭又有自己事业的贤女人吗？欢迎天下所有的女子都来学习“女学女德”讲座，正确的教育才能造就成功而幸福的女人！

这是“女德班”宣传资料上印的一段话，“女德班”创立者黄城创办这一课程的目的，是要让女性学会“相夫教子”，做“贤妻良母”，在他的观念中，女性应该安心置身于家庭，家庭是首位的，至于事业倒成了可有可无的。而在二三线城市，怀着和黄城一样的目的而开办的“女德班”遍地开花，并且都赢得了良好的口碑。

从“女德班”的大热中可以看出，即使到了21世纪的今天，对于女性的陈腐认识依然顽固存在，并且仍然有着强大的群众基础。

“厌女症”在当代并没有消失，反而随着因特网的普及迅速网络化，“厌女症”也随之网络化。从芙蓉姐姐到小月月，这些网络红人引起的关注和争议无不是“厌女症”网络化的表现。这些女性的缺点被网络推手或天涯写手无限放大，而以男性网民为主体的看客对于这些女性给予了最恶毒的人身攻击，站在这些女性的立场上客观分析的意见则全部被打压。网络空间成了现实社会的翻版，在现实社会中，女性在求学、求职乃至家庭生活中遭到歧视；在网络中，女性的身体被放大，成了看客们攻击的靶子。（李丹：《从木子美到小月月——社会厌女症的网络表达探析》，《东南传播》2011年第8期）

可以预见的是，在未来很长一段时间内，“厌女症”都不会消失，波伏瓦把女性的解放寄托在新的社会制度上，但显然她是过于乐观了。要根治“厌女症”，首先就必须促成两性间真诚的对话，消除误解和歧视。这是现存的和将建立的女性组织必定为之努力的目标。

太极旗下的性别与性

方　刚

由道家符号构成的韩国国旗中有太多的性别意涵，中间的太极象征阴阳生成万物，四周是乾、坤、坎、离八卦，代表天地水火、父母男女之意，也正象征民族的融合与国家的发展。

整　容

在首尔，导游朴女士告诉我们：韩国也有人们吃不饱饭的时候，那时大家见面的问候语是："吃了吗？"后来经济腾飞了，大家见面问："在哪儿发展呢？"现在大家见面的问候语是："在哪儿做的？"指在哪里做的整容手术。

还有一种说法，韩国的美女多，到韩国旅游可以好好地看美女。与之对应的说法是，韩国的"原装"美女只有2%，余下98%均是人造美女。

我初听到这种说法觉得太夸张了，直到朴女士说：在韩国，父母送给大学毕业的女儿最流行的礼物便是一张整容卡。她说：这对女孩子们大学毕业后就业面试是非常重要的，女孩子们通常选择的第一个手术是割双眼皮。

韩国的女性到底有多爱整容呢？韩国《朝鲜日报》报道，在对韩国2041名女大学生进行了"面对面的问卷调查"的结果显示，有25%的人承认自己"整过容"。在有过整容经历的人中，有八成表示"还想做"。而那些没整过容的女孩中，也有约80%称"想做手术"。

据说，因为作为弱小国家历史上长期被欺负，高丽时期漂亮的女孩子都被选送给中国皇帝，所以现在漂亮的女性少。据说元明清三朝都大量从韩国

方刚：北京林业大学人文学院心理学系副教授，北京林业大学性与性别研究所所长。

挑选美女，所以那时流行早婚，女孩子十五六岁就结婚了，免得被送进宫中。但是，大批的美女还是被弄走了，遗传基因受到影响，本国就没有“原生态”美女了。

在首尔的江南富人区，可以看到整条街的整容医院，一家挨一家，甚是壮观。导游说韩国整容医院有2500家，而且逐渐非常专业化，有的医院专负责隆鼻，有的专做丰唇，有的负责脸部整形，等等。韩国整容业世界第一，还带动了整容旅游业。在仁川机场出口处，有一个很大的服务台，专门展示、推介各家整形美容医院。韩国有个柳姓的整容大师，乡间流传一句，只要见了柳某某，就离做大明星不远了。事实是，即使是大明星，要想见他也要预约等三五个月。

韩国整容技术的优秀还可以从另一个侧面看出来，我认识的变性人朋友，以前理想中最好的手术地是泰国，全世界的变性人做手术都向往去泰国做。但是，这些年有一些人虽然仍然在泰国做阴部再造的手术，但选择韩国做面部女性化、乳房再造的手术。

整容业被韩国文化深度接受。一个中国人整过容可能生怕别人知道，但韩国人不在乎，在韩国现在的文化中，整容就像化妆一样是非常平常的事。曾有记者当街采访：如果中了彩票，会做什么？很多人会不假思索地说：整容去。

不仅女性整容，男性也一样。笔者与一位韩国青年探讨：如果有一天你知道你漂亮的女朋友曾经整容过，你能接受吗？他说：当然能。我说：但整容后再漂亮，生下的孩子也不会漂亮呀。他说：那有什么关系，我们再努力挣钱让孩子整容就好了。

不仅韩国老百姓热衷整形，连韩国前总统卢武铉和夫人也不例外，有报道指其双双分别做了一些眼部的手术，大多数韩国人都表示理解和支持，他们认为总统代表着国家形象，总统手术后显得精神、有魅力。

韩国人为什么这么热衷整容？

有人说，这是因为韩国人追求完美。韩国女人非常重视外表，导游的妈妈已经70多岁了，每次出门还要用至少半个小时化妆，她认为女人出门不化妆，是对别人不尊重。韩国女性如果出门来不及化妆，通常会用口罩围巾

之类的把脸遮住。我在韩国旅行时，注意到厕所里做卫生的大妈都穿戴整齐，浓妆艳抹，非常时尚，比旅游团中的中国女青年都打扮入时。

有人说，是因为高丽人种颧骨高凸、下巴短，这种脸型不好看，因此韩国脸部整形手术相当普遍。韩国人普遍眼睛小，有时看起来似乎昏昏欲睡，所以很多人都在做双眼皮手术的同时，做眼皮上方肌肉手术，让眼睛大一些。韩国有一种流行的说法，女孩子20岁之前不漂亮是父母的事，20岁之后不漂亮是自己的事了。对于公司职员和年龄稍大的男性来讲，最大的苦恼就是眼袋和皱纹的出现，因此男性除皱手术相当流行。

有人说，是因为就业压力大。女大学生毕业为了面试而整容，由这一点就可以看出韩国仍然是父权文化的社会，女性就业现状远不令人满意。虽然男大学生为了给人以清晰的印象，也会做眼部和鼻子的整形手术，但整容、美貌对于女性和男性择业时的重要性是完全不同的。

有人说，这和一个弱小民族的自卑有关。韩民族在其他方面很难与周围的强国竞争，至少“面子”上要过得去……

我们的导游朴女士说，女人通过整容留住男人的心。如果女人不漂亮，老公跟着漂亮的年轻女人跑了，就不能怪男人了，只能怪女人自己。这话当然非常没有社会性别意识，而且靠美貌就可以留住男人的心吗？那男人整容又为什么呢？为了去勾引年轻漂亮的女人的心？

显然，所有这些“有人说”，都还不够。

在韩国旅行的时候，我常不由自主地思考这样一个问题：人类社会现在流行的美的标准，到底是如何来的？白净、苗条、双眼皮、大眼睛、瓜子脸……这些主流社会“公认”的美的标准，是因为它们真的“美“吗？换言之，美到底是自然属性，还是文化属性？美的标准是先于人的认识而存在的，还是人的认识的产物？作为社会学出身的学者，我给的答案显然是后者。

理论上讲，人们会将自己看得习惯的，与自己一致的事物视为美的。所以，在黑人眼中，黑即是美。对于脸大眼小的韩民族而言，他们理应认为脸大眼小才是美的，而如果来了一个脸小眼大的外族人，会被视为怪物。就仿佛所有人类想象中的外星人，都是怪物，但在外星人看来，他们自己才应该是美的，而人类是怪物。

美的标准的另一个可能是，自己得不到的，才是美的。在人民普遍吃不饱饭的时代，肥胖就是美的，大肚腩甚至可以成为身份的象征。今天，瘦身是美的。

所以，美的标准是文化的产物。而今天世界的主流文化，是西方的、白人主导的文化。此文化通过影视媒体的影响，建构着全世界对于美的标准。因此不难理解麦克尔·杰克逊一直在“漂白”自己，也不难理解韩国整形美容业开始发达之时，也是在西方文化侵入之后。

我们虽然不用输出本国的美女给强者了，但是，我们仍然不得不受着强者价值观包括审美观的剥削。

性骚扰

我想起 2012 年底，中国的微博上热议过一件事：韩国警察厅规定，在对方已经明确表达拒绝后，依然不舍不弃地三次以上提出要求见面，或者要求异性之间交往的男性，可被视为性骚扰受到制裁。这一消息让中国网民非常错愕。坚守的爱情变成了性骚扰，难道求爱被拒后迅速移情别恋才是正道？而且，为什么只约束男性，女性反复向男性求爱算不算性骚扰？

在我看来，上述两起事件的出现与争论绝非偶然，而是与韩国社会近年对性侵犯的高度关注有关。韩国社会的性侵犯报道时有所闻，演艺界女艺人被迫提供性服务，学校里教师性侵女学生，地铁里的“变态色狼”，甚至连军队中，也不断曝出性侵案件。于是反性侵的呼声、保护女性人身安全的呼声日益高涨了，成为社会热点议题。而当其成为社会热点议题之时，人们可能会提高对性侵犯的防范，提高自我保护意识，使犯罪者得到应有的惩罚，但另一方面，如果处理不好，也可能带来一些新的问题。

以被拒绝后仍然三次求爱算性骚扰为例，韩国有句俗语：“世界上没有砍 10 次都不倒的大树”，就是说，只要坚持不懈，就能获得一个人的心。看来以后砍三次就要放弃了。很多女孩子认为三次太少了，三次怎么能够了解一个人的真心。此条例的反对者认为把求爱这种浪漫而美丽的事情用一个数字来限制实属荒唐，而支持者则认为在侵犯罪泛滥的时代，这种确切详细的法律条款非常必要。有人主张说，即使不足三次，如果追求对方的方式和

方法让被追求者感到恐惧不安，也可以视为犯罪。

同样是在反性侵话语强化之时，2011 年，韩国允许执法部门对侵害未成年人的性犯罪者实施“化学阉割”，从而成为首个引入这一惩治手段的亚洲国家。2013 年 3 月，韩国又通过修订案，将化学阉割对象扩大到所有性侵犯的实施者，而不再只是针对未成年人的性侵犯实施者。

化学阉割是对性侵者投入药物，同时进行心理治疗，在一定时期内减弱性欲的措施。韩国的规定是，经过精神科医生的诊断与鉴定，法院有权宣判“化学阉割”15 年以下。但这一法律引起争议，韩国有地方法院便表示，未获得本人同意执行该法，可能会引发侵犯罪犯基本权利的忧虑，因此就该法向宪法法庭提出了违宪审判的要求。法务部官员则认为，扩大药物治疗可以预防性犯罪，可以更好地保护国民安全。如果说 2011 年“化学阉割”还是打着“保护儿童”的名义，那么到了 2013 年已经变成“保护国家安全”的措施了，一个国家的安全需要如此保护吗？

“化学阉割”在全世界目前都是有争议的，只有美国、德国、丹麦、瑞典、波兰等少数几个国家使用，而且都必须是当事人自己同意才可以使用。在韩国因为化学阉割不需本人同意，具有强制执行性质，有侵犯人权之嫌。但在反性侵的主流话语之下，不仅最终实施，而且扩大化了。

一些国家针对性侵犯者获释后的“管理措施”，除了“化学阉割”还包括电子脚镣和公开身份，前者指给当事人戴上电子脚镣，一举一动都在警方监控之下，后者是告知当事人居住社区、工作场所中的其他人：他曾是一个性侵犯者。

曾犯罪的人，也是人，而不应该在服刑后仍然继续“惩罚”他们。化学阉割剥夺了他们享受合法性爱的机会，电子脚镣和公开身份侵犯了他们的隐私权，这显然有“一日为贼，终生是贼”的判定在后面，我本人对于这三项措施都是非常反对的，除非当事人自己要求实施。

历史上的“妖妇”和今天的外籍配偶

我每到一个国家，都会收集不同面额的崭新纸币。世界上绝大多数国家的纸钞上，都是男人的头像。韩国属于少数。正流通的纸币有四种面额，分别是 1000 元、5000 元、10000 元和 50000 元，50000 元纸币上便是一位女性。

申师任堂，朝鲜李朝时期著名女书画家，在书法、绘画和诗歌上均有杰出造诣，50000 元纸币上不仅有她的头像，还有她的绘画作品。但是，韩国人更经常称她是一位“伟大的母亲”，因为她是栗谷李珥的母亲，后者是韩国伟大的哲学家，被认为是朝鲜实学理论的奠基人，5000 韩元上的人物便是他。母子同时登上一国纸币，堪称美谈。但是，申师任堂到底是因为自身的艺术水平登上纸币，还是因为扮演“伟大的母亲”这一女性角色的出众才上了纸币，便难说清了。无论如何，她上了纸币，便是对她的肯定，而另外一些女人则没有这样幸运了。

韩国的纸币

韩国历史上有“三大妖妇“之说，她们分别是张绿水、金尚宫和张禧嫔，均是帝王的宠妃，均被认为与帝王的淫奢相关。

景福宫是韩国的“故宫”，比中国故宫的历史还要早，可惜几次毁于战乱，现存的几乎全部是后建的了。但导游仍会认真地告诉你，哪个是燕山君纵情声色的宫殿，哪里又是他屠杀大臣们的地方。

第一女妖张绿水的名字，便与韩国历史上最大的昏君、暴君燕山君的名字绑在一起。张绿水是低贱的官婢出身的，得到燕山君的宠爱，史书记载，为了讨她欢心，燕山君不惜践踏国家纲纪，这被视为暴虐政策的源头。

燕山君的荒淫，还涉及另一个女人，那便是他的生母。

燕山君的生母尹氏，曾为成宗的正妃，但史书记载，她忌妒心异常强烈，

不但杀害与成宗有关系的宫女，还弄伤成宗脸部，所以在 1482 年被赐毒药杀死。当时燕山君 5 岁，由他的祖母贞显王后抚养成人。

燕山君继位后，开始整肃当年未帮他生母或是告状的大臣，按照佛教礼仪重新安葬自己的母亲，为其恢复名号，并杀害了大批劝谏的大臣。同时为了报仇，杀死先父的几个妃子，甚至杀死了劝说自己的祖母。朝鲜史书评价其人是“悖恶”，为了镇压朝臣，制定寸斩、炮烙、拆胸、碎骨飘风等酷刑，并不时派医女去赐送毒药给政敌，名声堪比商纣。

燕山君还好色，这是从古至今所有“贪官昏君”都要被提到的一个“恶行”。由于先主废除了官妓制度，燕山君为了宴乐，把医女强充官妓。他还向全国派遣采红使广征美女，甚至将佛寺改为妓院。这些行径，都被指为“淫乱宫廷”。

燕山君于 1506 年被推翻，两个月后被赐死，年仅 30 岁。当然，同时被杀死的还有张绿水。“三大妖妇”中的另外二“妖”，也一样是色诱帝王，败坏社稷的角色，也均未得好死。所谓红颜祸水，女人一向被要求为帝王的失职承担责任。即使是燕山君的母亲，也因为她儿子的恶行，而更加被史书所不耻，因为道理似乎很简单：如果你不是妒心太重，就不会被处死；你不被处死，你儿子就不至于这么变态，也没有了后面一串行恶之举。

景福宫

儿子坏了，母亲也坏了；儿子好了，母亲成了“伟大的母亲”。只是，这个女人的自己在哪里?

“妖妇”走了，“外籍新娘”来了。

在韩国街头漫步，不难发现一些代找外国配偶的广告，这就是所谓外籍新娘了。只是那广告措辞，怎么看都像是买卖人口。一家韩国婚介所还曾明目张胆地打出广告：“越南新娘绝对不会逃跑”，这则广告被写进了美国国务院的人口贩卖报告中。

韩国有5000万人口，1000万在首尔。年轻女性倾向于离开乡村到大城市寻找工作，这使得留在家乡的男性难以找到合适的结婚对象，娶个外籍新娘也是他们的现实选择，目标首先就是中国东北的朝鲜族女性；然后是东南亚国家，比如越南、菲律宾、柬埔寨、蒙古等经济不如韩国的亚洲国家。

需要清楚的一点是，那些贫穷国家的女子嫁过来，明显是为了好生活的。而找外籍配偶的男人，通常是娶不到当地媳妇的“低下阶层”男子。中介公司当然不会实话实说地告诉这些外籍女孩子，她们的老公是韩国的穷光蛋。这些女孩子抱着梦想来，往往在结婚后才发现自己的韩国丈夫酗酒、贫穷或者身患疾病。不仅如此，她们还面临非常普遍的家庭暴力。2011年，20岁的阮姓越南姑娘经中介介绍，与47岁的韩国丈夫结婚。但她抵达韩国8天之后就被丈夫杀害。因为缺少社会支持体系，又有语言、文化隔阂，所以受虐外籍配偶往往难以申诉。

韩国近年不断曝出外籍配偶受虐待的新闻事件，引起了社会关注。但舆论更多从涉外婚姻中的文化差异角度来解释这些婚姻的不和谐。比如外来妻子不了解韩国文化，无法融入韩国社会，等等。所以政府办了多元文化协会，帮助这些女性融入韩国文化；对于要与外籍女性结婚的韩国男人，还事先进行文化培训。这些做法都是必要的，非常好。但是，我的担心是，过多地以文化差异解释涉外婚姻的不和谐甚至暴力，会淡化家庭暴力中女性的受暴者处境，甚至有将家暴的责任转移到受暴者身上的嫌疑。而当前国际社会的主流态度是：家庭暴力是不平等权力关系的产物，是父权制度的体现，暴力没有任何借口，我们应该对暴力“零容忍”！

类似的情况在中国人身上也发生过。20 世纪 80 年代，中国刚刚改革开放，非常贫穷，许多年轻漂亮的女孩子嫁到香港、日本、韩国等地，以为可以开始富有的幸福生活了。嫁过去才发现，娶她们的几乎都是最下层的、娶不起当地女子的中老年男人。许多 20 多岁的大陆妹，嫁给了四五十岁的香港工人，也普遍受到暴力对待。一晃二三十年过去了，这些男人已经老弱了，当年的"大陆妹"四五十岁了，可以反过来打老公了。香港曾有这些妻子对丈夫实施家暴的报道。

韩国一直自称是单一民族国家，导游朴女士说，她的历史老师曾质疑这一点。因为在历史上，中国人、阿拉伯人都和韩国有着非常密切的关系。特别是阿拉伯人当年来做生意，在庆州一带一住就是半年，甚至几年，和当地的韩国女人生了孩子，他们的后裔可能就眼睛比较大。现在许多韩国明星都是庆州人，可能与阿拉伯血统有关。无论如何，随着大量外籍配偶的涌入，韩民族血统很可能会越来越"不纯正"了。

男性气质与女性角色

导游朴女士告诉我们，在韩国，庆商道的男人最被女人喜欢，因为他们看起来非常地"有男人味儿"。

庆商道男人的大男子气概，体现为不爱说话。有玩笑说，他们一生只对老婆说三句话："吃的做好了吗？""睡吧。"结婚后还说一句："生孩子吧。"沉默寡言被视为"男人味儿"，是大男子汉的体现，不仅韩国，中国也一样，貌似西方国家许多人也这样看。但这可能仅是远观，或谈恋爱时的感觉，一旦结婚了，生活在一个屋檐下，估计就不好受了。

庆商道的男人还很"实在"。如果女人说："哇，这花真漂亮。"庆商道的男人会说："漂亮和你有什么关系？"但首尔的男人会说："再漂亮也不如你漂亮。"可许多女人还是会喜欢庆商道的男人。

在韩国的村庄口，通常会立着两个像：一个身上写着"天下大将军"，一个身上写着"地下女将军"。这两个形象也被做成旅游纪念品，在各地都非常容易看到。甚至在做花盆的一家路边店，我也看到一个花盆也有两位大将军的造型。问导游这两人代表什么，她讲是韩国的民间守护神，放在村口

天下大将军

防歹人进入。这两个形象都非常丑（以主流审美眼光），估计是以此吓跑歹人的。

导游说，在韩国，男人管天，女人管地，所以“天下大将军”是男人形象，“地下女将军”是女人形象。男人管天，是管大事的；女人管地，是管家里事的。其中的父权色彩清晰可见。但导游讲，现在男女平等了，她开玩笑说：“天上的房子没人买，地下的房子不断涨价，你们说管天的权利大，还是管地的权利大？”

天下大将军与地下女将军的花盆

这显然是没有社会性别意识的判断。想一想女性为了找工作而整容，就知道管地下的人到底有没有权利了。

根据联合国近年发布的数据，韩国的社会性别平等指数在所有国家和地区中的排名是第 61 位，虽然比处于 72 位

报刊亭的宣传画主要是男星

的中国要领先许多，但仍然不尽如人意。韩国文化中的大男子汉气概、女性的整体处境，包括前面提到的性侵犯频发、整容业活跃，都可以从一个侧面看出一个社会的性别平等状况。

在韩国旅行，我的一个感受是：今天韩国的流行文化，也许会成为对大男子汉气概的挑战。

韩国在向世界输入韩国明星，其中有非常多的美男。这些美男至少从外表上看，可不是“大男人”，但是他们非常受韩国人推崇。这些阴柔的男人形象，遍街都是。在商店，我看到二三十种韩国男星的年历，却只看到两三种女星的年历。纪念品店里，甚至在出售印着男星头像的扑克牌，但没有女星的。这在流行女星的人类社会真算是亮点了。

有的商店，整个店都是追星用品，而其中柔美男生的形象同样占据主流。

这些男星形象深入人心之时，庆州道男人的大男子汉风格，还会有市场吗？一个文化的审美在改变，性别气质在改变，文化本身也将改变。

性资本，还是性风采？

潘绥铭

“性资本”概念之批判

最近在学术界的小圈子里，“性资本”一词开始出现了。有人“建议把美貌、性吸引力和魅力等‘性资本’增加为第四种个人资产，使‘性资本’与经济资本、文化资本和社会资本等并列为资本形态”。（陈荣武、曹锦清：《女性性资本化现象的社会转型逻辑——以女性性出卖为例》，《华东理工大学学报（社会科学版）》2012 年第 2 期）这个概念已经得到一定的传播，甚至很可能成为一个新时髦。但是笔者却认为，“性资本”这样一个概念，根本就是大错特错。

从经济学的本意来说，任何放置不用的金钱，充其量也只能算作“财富”，连“资源”都算不上，更不是“资本”。例如历朝历代都有很多守财奴，把金银财宝深埋地下，并不动用。我们能说古代就有资本家吗？如果守财奴死得早，那么这些金银财宝就连动用的可能性都没有，因此连“资源”也算不上了。只有那些可能被动用的财富，才是资源；只有那些实际上投入经营过程的资源，才能够被称为资本。在现代生活中，存入银行不动的钱，之所以也被视为资本，仅仅是因为银行实际上代替存款人拿着那笔钱在经营。

由此出发，我们就可以发现“性资本”这个概念的糊涂。一个性感十足但是深居庵内的尼姑，哪怕她貌若天仙，怎么能够说是她的性资本呢？如果她终老于佛门之内，那么她的美貌就连资源也算不上，因为她根本没有动用的可能性。即使在日常生活中，无论男女还是同性恋，一个人如果不加动用，

潘绥铭：中国人民大学社会学系教授。

那么他 / 她的一切性魅力就都仅仅是资源；如果永不动用，那就仅仅是财富而已。

除此之外，“性资本”概念的逻辑也存在重大缺陷。它是一种“拟钱”的论说，因此会不用自主地把人的“性”与钱给混淆起来。这主要表现在下列方面：

资本是身外之物，可是性却是人格的构件，不可分割；

资本可以挪用，而性却无法转让；

资本是客观测定的，而性则是自我认同的；

资本是等价物，可是性却不可能等值；

资本是相对稳定物，而性不仅可变而且易变；

资本只需拥有即为存在，可是性却必须呈现出来。

往深里说，性资本概念的失误，首先来自于对于“性”（sexuality）的狭隘理解。它假设：一切性活动都必然是与一个对方或者他人的互动，因此自己的财富才可能被运用于其中，于是才可能成为资本。可是，自慰（自娱）呢？独自“看黄”呢？自恋呢？性梦和性幻想呢？在这些性行为中，无论自己多么漂亮，怎么可能成为一种资本呢？这资本对谁发挥作用了？还不就像守财奴的金银财宝一样，仅仅具有返身的意义，与他人无关，与社会无关，就连“钱”都算不上。性是无限多样化的，没有其他人参与的自我性行为 / 独自行行为，所占的比例远远超出人们一般的想象。如果不涵盖它们，那么所谓的“性资本”其实只不过是“找对象时所拥有的财富”而已，可应用的范围非常狭小。

更深入一个层次，这种失误的性资本概念来源于“科学主义”给我们带来的“客观测定”的片面视角。在这种视角下，一个人只要在研究者 / 观察者 / 他人看来是有性魅力的，那么她 / 她就算是有性资本了，却根本不去考察，这个人自己是怎么认同的？人家是不是仅仅把自己的性魅力视为一种财富？是否打算动用？准备在什么情境之中才动用？也就是说：所谓“客观测定”就是蛮横霸道地推行“我说你是，你就是”的思维逻辑。

这种视角的恶果，我们在现实生活中见到的还少吗？有一些不成熟的人，经常说别人“花枝招展”“风情万种”等等，全然不管人家自己是怎么认为的，更不考虑人家为什么会这样，就从这样的“测定”出发，去冒犯对方，甚至造成恶果。现在许许多多的性骚扰，其实就是因此而发生的。如果有人出面反对，性骚扰者还会理直气壮地反驳：是她/他先招惹我的！

你说这是“他自己胡思乱想”？可是他有大把的证据：什么某种装扮/色彩/发型表明某种动机啦，什么某种表情/动作/神态代表某种意图啦，这样的“论述”充斥大众传媒，不由人不信，结果就成为形形色色的所谓“客观判定标准”，成为流毒匪浅的“有色眼镜”。

人们很少意识到，所有这些乱七八糟的“识人术”“读心术”，其实存在着两个死穴。其一，那些“测定”的结果，都从来没有经过主体（对方）的认同/修订/建构。那你怎么知道这结果就是正确的呢？其二，即使这种所谓“判断标准”对张三是正确的，可是你如何来论证，它对李四也同样适用呢？这个世界上，没有两片树叶是相同的，连这个也忘记了？

因此，“性资本”概念对于社会和人生的不良作用至少有二。

首先，“性资本”这个概念等于假设：任何人在任何情境中都有可能对任何他人使用自己的任何一种性的财富（魅力/性感等等）。

可是这实际上等于否认了最基本的性人权的不可或缺的组成部分：人是有主体性的，人的主观意愿是神圣不可侵犯的。因此，性的财富是否使用、在何种情境中使用、对谁使用，总之，是否成为“性资本”；都是由主体自己决定的，而不是由别人来“判定”的。否则，“性资本”岂不是说，任何人对任何人都构成潜在的性诱惑之源？这岂不就是日常生活中所谓“她/他衣着暴露就是引诱我”的说法？不就是“被强奸/性骚扰的人必定是自己不好”？不就是“苍蝇不叮没缝的蛋”？如果我们不加批评地广泛采用“性资本”的失误概念，那么整个社会只会更加不好。

其次，在经济学的原意里，资本还指那些有可能增值的财富。可是在“性”领域中，一旦广泛使用“性资本”的概念，那就等于又增加了一个假设，甚至是一种强迫命令：性的财富（魅力/性感等等）必须增值，否则就是“不正常”，就是人生的失败，甚至就会丧失生存的余地。

这种“增值崇拜”必然带来“贬值恐慌”。君不见，后者其实已经甚嚣尘上了：不但有很多女性已经如癫似狂地投入美容/塑身/减肥/化妆的大潮，

而且就连许多男人也被赶上了“自造男神”的不归路。且不说这些商业行为是否真的足以给性的财富增值，仅仅一个“必须如何如何”的社会强制，就已经开始向20世纪末期的性革命反攻倒算，试图用一种“被自觉”的对于“文明”和“素质”的追求，来替换“文革”中的那种“性的精神禁欲主义”。这就是“后性革命时代”最凶险的政敌，是一种引人入胜的大一统霸权，是利用欲望把人们引入牢笼的“造猪术”。

说到底，“性资本”这个概念之所以能够被提出，还是由于“人人都以为自己才是性学家”，因此才会不求甚解，望文生义，而且并无论证。当然这也无可厚非，但是需要批评，学术才会长进。

那么，笔者自己能提出新的概念，来取而代之吗?

性风采概念之建构

风采是指：人的（美好的）仪表举止或神采，也可作丰采。它比魅力、吸引、美、漂亮等既有名词更加突出全面、动态和呈现的特征。在年轻人的日常生活和网上语言中，常常被称为“酷”或者“炫”。

性风采则是指：个体以性魅力、性感和性别形象的综合程度为主要基础的、自我认同的、不一定针对具体对象的社会呈现。它是一个新概念（在《中国期刊全文数据库》中检索到以“风采”为主题的文章26556篇之多，但是其中没有任何一个涉及“性风采”的概念）。

中国人民大学性社会学研究所于2000年、2006年和2010年完成“中国人的性”总人口随机抽样调查。其具体情况和调查方法已经多次发表，本文不再赘述。（参见潘绥铭、黄盈盈：《性之变：21世纪中国人的性生活》，中国人民大学出版社2013年版）

在我们的研究中，性风采包括以下三个方面：魅力认同度、性感认同度和性别形象认同度。把这三个变量进行因子分析，得出量化的整体指标，就是“性风采程度”，然后进行回归分析得出各个分析结果。

21世纪以来中国社会变迁的重要内容之一就是，身体形象（body-Image）的构建（构建=动词=行为本身，例如构建和谐社会；建构=名词=行为结果，例如社会建构论）日益成为人们的自觉行动而且方兴未艾。在中文文献里，“身体身体形象”已经日益成为一个研究热点。笔者总结相关研究的成果，发现在身体形象研究中，实际上存在着如下10种研究视角。笔者在下面逐一论证。

1. 社会决定视角的例证：对于自我魅力的社会焦虑

社会建构论认为，各种社会因素在主体建构身体形象的过程中发挥了最主要的作用，尤其是，社会的整体变迁成为身体形象建构的制约框架。涉及性风采的国内文献主要集中论述消费社会的作用、世俗文化的崛起等。

我们的调查证明：无论男女，对于魅力的认同比例都大幅下降，都构成了统计学上的显著差异。在男人中，认为自己的魅力比较大和很大的人，从2000年到2010年下降了26个百分点。在女性中，虽然从2000年到2006年基本持平，但是在随后的短短4年之间，2010年的跌幅达到几乎39个百分点。

这种趋势绝不是生理变化造成的，因为本调查证明，中国人的身高、体重和肥胖指数从2000年到2010年都没有发生显著的变化。

因此魅力的下降更加可能由于：21世纪以来中国的大众传媒，通过各种图像资料已经塑造出了一种男女性魅力的社会偶像及其判断标准（参见潘绥铭、黄盈盈：《性社会学·性的社会化》，中国人民大学出版社2011年版），而且愈演愈烈。这促使普通中国人对于性魅力的判断标准和期望值也越来越高，结果必然是大家都越来越自惭形秽，越来越自卑。因此，中国的美容美体行业才得以应运而生，高歌猛进，铺天盖地；靠的就是后浪推前浪般的男女顾客那心急火燎般的“魅力自卑”。

这是一种社会焦虑，也是社会的焦虑，足以成为社会建构论的很好例证。但是它的解释力也并非十足，因为其假设是“人人跟风”的社会盲从的普遍存在，结果客观上很容易掩盖甚至消除了人类多样化发展的创造力和可能性。

2. 社会交往视角的例证：性风采足而异性朋友多

这个视角认为，人们之所以重视身体形象及其管理，主要是为了在社会交往中获得更好的效果。性风采也是如此。这种说法在中国古已有之，从《诗经》中的“窈窕淑女，君子好逑”直到今日流行的“高富帅、白富美”，都一脉相承地把风采视为性方面的“本钱”。

我们的发现：性风采越足，自己异性朋友的人数也就越多。但是，这也可能是由于朋友多才愈发认为自己的性风采更足。

3. 符号论视角的例证：性风采表达着开放的观念

符号视角认为，身体形象主要是被作为一种符号而建构而呈现而使用，以便表达某些自我认定的意义，或者遵从某些社会规定的意义。

我们的统计结果发现：性风采越足的人，就越是倾向于认为自己的性观念更加开放；而性风采越是不足的人，越是认为自己的性观念更传统。也可以反过来说，性观念越传统的人，越是不愿意更高地评价自己的性风采。这表明，性风采与性观念已经被相互符号化。在生活实践中，人们如果遇到一个魅力十足的人，往往会不自觉地认为他/她在性方面也一定很开放，对于女性尤其如此。

但是符号视角也有其缺陷，就是过高估计了人们在日常生活中构建和使用符号的自觉性，具有过于浓厚的理性选择论的人为经济学化的色彩。

4. 身份论视角的例证：性风采由社会地位而来

身份视角认为，身体形象的构建，既是确立和维护主体的社会身份的重要手段，也是其行为的目标。

为了检验这个视角，笔者把社会地位设置为四个方面：被调查者居住地的行政级别、受教育程度、职业和收入的等级。结果发现：被调查者的社会地位越高，就越倾向于认为自己的性风采更足。也就是说，人们实际上不自觉地把性风采作为自己的社会身份的一种展现。

但是，这一视角的确立，还有待于“性身份”这个概念的建构。

5. 社会发育视角的例证：性风采的婚姻磨损

这个视角也常常被表述为社会化、生命周期论和成长论。它强调身体形象的构建既是社会发育的产物也是其重要的维系手段，尤其是生活历程中的重大事件更会发挥突出的作用。

我们的调查发现：那些只结过一次婚而且维系到目前的人，其性风采几乎是最弱的，仅仅强于那些已经丧偶的人，却远远低于那些目前同居、离婚和未婚的人。反之，性风采最强的人，是那些再婚的人。

这就是“婚姻磨损”：只要进入而且固守于婚姻，那么自己的性风采就被显著地削弱了。只要是未进入、未正式进入、已经脱离婚姻的，其性风采就更强。那些把婚姻加以更新的人，则获得了最炫丽的性风采。

6. 心理动力视角的例证：性风采与性的想象

在这个视角下，身体形象的构建实际上是主体不自觉地把对于某些社会标准的认同、想象、企盼或者遵从，转化为内心感受，从而形成了自我行为的动力。我们的调查获得了例证：越是认为自己的性欲强于别人，也就越是认为自己的性风采更足。当然，反过来也可以成立。

7. 行为反馈视角的例证："谈性"的作用

这个视角认为，无论身体形象的构建结果受到什么样的评价，只要当事人足以获知或猜到，那么他/她就一定会做出相应的修正。

本调查的统计结果发现：认为自己的性风采更足的人，谈性也就更多。也就是说，谈性作为一种行为效果，在反馈地构建当事人对于自己的性风采的评价度。

8. 身体研究视角的例证：性风采的依托

身体研究的视角往往更加强调身体与主体之间的关系，强调日常生活中的身体想象与身体实践（黄盈盈：《身体、性、性感：对中国城市年轻女性的日常生活研究》，社会科学文献出版社 2008 年版）。它往往把身体形象的构建视为主体表达自己身体想象的手段之一，因此性风采与肉身的联系既是研究前提也是研究目标。

这一视角在本调查中的例证，主要是下列两个。

其一，体形的作用：偏瘦和正常的人，性风采强度几乎完全一致；较胖的人，性风采强度不显著地有所增强；而很胖的人的性风采则显著地减弱。（依据"体重指数"IMB——身高与体重的比值得出）

其二，健康状况的作用：健康状况越好的人，性风采也就越强。但这个视角的研究仍然有待发展，需要寻求身心合一思想的表述工具与方式。

9. 社会性别视角的例证：男女性风采的不同走向

本调查中，在与性风采有关的所有因素中，社会性别的意义无处不在，仅举一个例子如下。

如前所述，年龄大小对性风采的作用非常大；但是对男人和对女人，起作用却几乎是相反的。随着年龄的增长，男人的性风采强度呈现为逐步下降；可是女人却相反，呈现为逐步增加。

男人在最年轻的时候，被社会需求而且形塑为“帅哥”兼“铁汉”加“顶梁柱”的形象；但是随着岁月催人老，他们的社会职责日渐被下一代取代，其性风采也就越来越由于失去了作用对象而日益“废用式退化”。反之，女人在最年轻的时候，性风采仅仅被规定为“嫁妆”之一；可是随着斗转星移，她们逐步完成了传宗接代、相夫教子、内助持家的社会任务，性风采也就越来越作为她们社会成功的标识而得到自我认同与社会肯定。君不见，神采焕发的“中国大妈”已经把“广场舞”跳到几乎全世界了。总之，这就是社会性别的“历时态互换”：恰恰是因为男人的日薄西山，才催生了女人的老当益壮。

10. 戏剧论视角的例证：性风采与了解异性的性心理

这个视角与脚本论、表演论、符号互动论等研究视角紧密联系。它倾向于把身体形象的构建视为主体的自觉或不自觉的演出准备，而且身体形象只有存在于潜在的或实现的各种人际互动之中才具有现实意义。性风采可以解释为最外显的一种表演。

进行表演就需要必要的准备，表演者应该对于异性的性心理有更加充分的了解或理解，才可能进行表演。本调查的统计结果发现：被调查者越是认为自己对于异性的性心理很了解，那么他们也就越认为自己的性风采更加充足。这可以作为一个旁证，折射出戏剧论或者表演论具有相应的解释力。

启 示

以上的分析，要点有三。其一，否决了“身份论”的视角；其二，部分地修正了身体研究的视角。其三，其余的视角均得以成立，足以解释性风采这一研究对象。也就是说，性风采的现状至少受到6个维度的因素的显著影响，至少有6种不同的理论视角足以作出充分的解释。

这揭示出一个新的认知：研究对象其实是被多个维度上的多个因素所构建出来的。这些维度可能是天南地北，可能泾渭分明，甚至可能水火不容，但是却以“合力”的方式作用于研究目标。

最后，回到“性资本”概念这个话题。如果这个概念的提出者也能够做出笔者这样的实证分析，那么学术讨论还可以继续。否则，请忘掉它吧。

网络政治：另一种权利生活

张天潘

中国从1994年全功能接入国际互联网至今，已经20周年了。这20年里，互联网在中国几乎已经是无孔不入，成为改变中国的重要因素，像一台力量巨大的驱动器，推动着中国走向现代，与世界融为一体。互联网彻底地改变了中国。

尽管也带来了各种各样的问题，但“中国互联网20年”的意义之伟大，是任何语言都难以穷尽的，从政治、经济、科技、文化等等任何一个角度，都有无数值得去探讨的话题。但随着微博的出现，互联网对于社会政治的影响，以一种惊奇的姿态向上茁壮成长。现在，我们可以通过胡泳的最近三本新书（《新媒介赋权及意义互联网的兴起》《网络政治：当代中国社会与传媒的行动选择》《信息渴望自由》）进行窥视。胡泳现为北京大学新闻与传播学院教授，他是国内最早从事互联网和新媒体研究的人士之一，成为推动中国互联网早期发展的最有影响的启蒙者之一，常被誉为在中国进行数字化普及的第一人。

这三本书，其内在的逻辑是一致的，都是展示在实现社会之外的虚拟世界的现实作用力，也即网络除了构筑一个虚拟世界，更将这种网络世界的线上力量，延伸到线下，发生了实质性的影响力，虚拟已经不再虚幻，而是实现了直接的现实转换，并且还以灵动、自由、高速、高动员力等特征，构成了强大的网络舆论场，形成了全新权力格局的布迪厄所言的“场域”。

张天潘：《南方都市报》评论记者、资深媒体评论员。

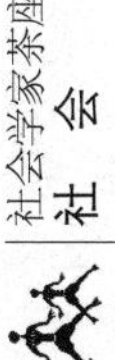

互联网带来后喻文化

要开始讲述网络政治，必须先讲清楚其背后的文化与信息支撑，这就是互联网带来了颠覆性文化模式，让传统的人类的文化传递与权威等级，发生根本性的逆转。这就是互联网下的流动的社会造成的后喻文化的全面覆盖。

胡泳先生

在2000年，著名社会学家齐格蒙特·鲍曼在其代表作《流动的现代性》中，从理论上为这个被互联网彻底改变的世界做出了自己的判断："当前的社会已由过往的固态、厚重与稳定状态转为液态、轻盈与多变的特质，'流动的'现代性的到来，已经改变了人类的状况。"

正如国内鲍曼研究者与翻译者郑莉总结的，在鲍曼看来，"流动的"（liquid，液体的）一词，不仅因为液体所具有的渗出、涌流等易变与快速移动特性更直观形象地反映了当今的社会现实，而且还因为它暗示了时空关系的重大转变。这种时空关系的变化推动了现代性从沉重的、固态的（solid）现代性到轻快的、液态的现代性的转变。从这个角度来说，胡泳所说的《信息渴望自由》还可以进一步演绎，可以认为，互联网中的信息，其本身甚至就代表着自由，信息即是自由。

鲍曼将这一转变过程称为一次比资本主义和现代性来临更为激进、更具深远影响的新的起点。在轻快的现代性中，谁运动和行动得更快，谁在运动和行动上更为接近瞬时，谁就可以统治别人。

在这种情况下，世界发生了一个很奇特的文化现象或社会形态：后喻文化，然后进入了后喻时代。所谓后喻时代，指的是在当今高科技时代的某种条件下，晚辈（或学生）由于掌握了一定的新知识、新技能，给先辈（或教师）传授知识和培养能力的时代。文化反哺是后喻时代的最基本特征。美国社会学家玛格丽特·米德在《文化与承诺》一书中，将人类社会划分为“前喻文化”“并喻文化”和“后喻文化”三个时代。在“前喻文化”中，晚辈主要向长辈学习，这主要发生在农业时代，农耕技术基本都是靠长辈向晚辈的手把手教学。“并喻文化”中，晚辈和长辈的学习都发生在同辈人之间。而在第二次世界大战后，科技革命的蓬勃发展使整个社会发生了巨大的变革，社会由此进入了长辈反过来向晚辈学习的“后喻文化”时期。“如果说过去存在若干长者，凭着在特定的文化系统中日积月累的经验而比青年们知道得多些。那今天却不再如此。”米德在文章中如是总结道。

这种倒置，就首先直白地体现为中国家庭结构的变化。在传统社会里，老一辈由于后天的生存经验，获得了尊重，年轻人都得接受老辈所遗留下来的经验规律。而现在，在这个信息时代，随着技术的进步，信息的来源已然摆脱代际间线性的承接，而是多元化的知识获取，年轻人因为学习与接受能力强，掌握了更多的信息技能。老一辈较之则往往落后，因此在信息权威上完全沦陷了。现在，年龄越小技术能力越强，话语主导性越高了。难怪写就《信息时代三部曲：经济、社会与文化》的美国加州大学伯克利分校社会学教授曼纽尔·卡斯特曾在欧洲提过一个极有争议的想法：“让 12 岁到 18 岁的青少年教父母和爷爷奶奶计算机，发起一场群众扫盲运动，因为我们最终目标是提高全民教育水平，适应新环境。”

在互联网中，已然呈现权威倒置现象，体现在两个方面，除了上面讲到的从家庭层面，传统意义上代表权威的长辈要向晚辈学习之外，还有一个也同样显著的是从社会层面体现出来，象征权威的政府在信息化方面一直都显得步履蹒跚，要紧赶慢赶才能跟上公众的脚步。因此，作为互联网体系下的政府——这个庞大的机器，必然要被拖累到这种倒置之中。这是时代的现实权力与话语权的自然接力，互联网造就了网络政治权力的新陈代谢。

公众后喻政府的时代

把家庭延展到国家层面，原来象征家长（父母官）的政府，就成为互联网时代需要公众（子民）来后喻的对象。尽管政府拥有着强大的资源与能力，但这种能力应对流动性的社会，却恰恰不是优势，而是成为负担。

在网络这个流动性最强的时空里，政府更像是鲍曼所说的“沉重的、固态的”“福特主义工厂”，体现了早期现代性的沉重、庞大、静止、固态的特征。于是，政府在灵动与轻快的互联网中，从教导、教育民众，变成了被教育的对象，成为互联网的后进生。这为社会结构的形成奠定了基础。

现在整个世界，从文化到政治再到社会，这样结构倒置的嬗变都在发生着。当然，这一点让一些人感到恐慌，觉得权威不在，受到了挑战。但事实上，这样的心态也已经说明了其早已把自己同互联网世界自我隔离了。互联网的核心精髓是自由、开放、灵动、变化、创新，这是互联网的生命力来源，这一点与体制下的科层制是截然相反的。在流动中，权威在互联网中也极为不稳定，所有的权威，都只能各领风骚三四年，从博客的老徐（徐静蕾），到微博女王姚晨，现在都已经失去了当年的光环了，在技术的进步下，也迅速被新的权威或话语权拥有者所替代。

对于政治来说，在互联网中，主体已经是民众（网民），议题设置的权利在民众之中。在这个体制话语失势的过程中，解构与新的建构在同时进行，解构的是自上而下的指令式的社会话语，而建构的则是自下而上的网络舆论场。这一点在中国的互联网中尤为明显，这些年的网络反腐，通过网络爆料、微博举报等，形成了强大的舆论场，倒逼着政府的作为与改革。通过互联网这样的解构、建构，民众在后喻着政府，推动着其前行。在《网络政治》中胡泳就以当代中国社会与传媒的行动选择来展示这样的网络政治形态与行为。

这个时候，政府应如何去面对“网络政治”？这是一个很值得全社会去讨论的议题。正如上文所说的，“沉重的、固态的”大型组织（政府是典型），面对流动的互联网，失去了优越感与权威性，全世界政府共同面临挑战。互联网的蓬勃发展，也被视为“第三次工业革命”。中国错过了前两次工业革命，这第三次革命，无论如何不应该错过。而这就必然要求有政府充分的宽容与包容之心去面对让它感到不安乃至恐惧的网络。网络政治也是互联网带来的伟大革命的一小部分，如果恐惧这一部分的变革，从而遏止其发展，那么最终就会犹如倒洗澡水时把孩子也一起泼掉。所以体制也不必焦虑，虚心学习，跟上时代脚步，顺势而为即可，必须要了解到，自上而下的“权威”“话语权”，不要再痴迷于追求前现代社会的这些凝固属性特征了。

网络，打开了一个现实中难以实现社会与政治状态，公众参与变得可能（尽管还不能算是严格意义上的政治参与），权威的瓦解，话语方式的重塑，实现了“新媒介的赋权”。

互联网塑造新型社会格局

从自上而下到互联网中自下而上的话语权新形态，在更深远的意义上，还塑造了一个新型的社会格局。卡斯特认为，“网络社会既是一种新的社会形态，也是一种新的社会模式”，他解释，我们的社会正经历着一场革命，这就是信息技术革命。在这场革命中，信息技术就像工业革命时期的能源一样重要，它重组着社会的方方面面。而根植于信息技术的网络，已成为现代社会的普遍技术范式，它使社会再结构化，改变着我们社会的形态。

通过互联网之上的各种媒体形态，在《新媒介赋权及意义互联网的兴起》中，北京大学新闻与传播学院师曾志再次强调了“新媒介赋权”，指的是媒介成为权力实现的重要源泉与力量，她认为：“互联网是去中心化、去组织化的。人在技术赋权下更是以肯定性的姿态入场，强调人的反省、反思、自决、担当、行动及自治在社会发展中的作用，重视多元主体间权力博弈的过程，注重合法性在日常生活中的解构与重构。”

作者进一步解释：“网络里形成的是新的社会关系，这种新的社会关系其实是一种权力再造或者权力解构的过程。这种新的权利的产生和新的社会关系的现状，也意味着它在推动新的社会发展的方向，就是民主化的趋势。这种民主化的趋势可以看到主要是新媒介赋予了三方面的权利，主要是我们获得信息的权利；第二，获得了可以表达的权利；第三是获得了行动的权利。”

在《新媒介赋权及意义互联网的兴起》中，两位作者说道：“新媒介赋权下国家与个人的博弈，信息生产、再生产与传播机制的改变，造成中国社会解构、制度等都处于合法性不确定之中。互联网传播中信息自由与信息控制之间的矛盾紧张关系是这种不确定性的表现之一，既是某种意义的不确定下的信息失控，也在信息失控中孕育着一种特殊张力，它可能成为推动中国社会变革不可无视的重要力量。”

当然，这种技术赋权，也是基于现实的一种曲径通幽，然后发现其中确实别有洞天。胡泳的说法就是一个很好的解释："在其他出口被阻塞或被缩紧时，互联网以其有效性和灵活性，成为促使政治更加具有公共性、更加民主的工具。就中国而言，这种工具在帮助普通公民发出自己的声音、从而建立中国的公共领域方面发挥了重大作用。"技术赋权，形成了庞大的线上网络中的市民社会，然后在线下切实影响了中国社会。于是，线上的中国与线下的中国，组成了一个全新的中国，也给生活在在其中的人，带来无限的可能性。打破了中心，解构了权威，倒置了话语权，建构了新秩序，促进了人的解决与思想的自由流通，互联网中的中国，以一种我们从来没有预估到的速度，重构了一个现代中国，而且还在时刻地巨变着中国。

《新媒介赋权及意义互联网的兴起》，师曾志、胡泳等著，社会科学文献出版社 2014 年 5 月版。

《网络政治：当代中国社会与传媒的行动选择》，胡泳著，国家行政学院出版社 2014 年 5 月版。

《信息渴望自由》，胡泳著，复旦大学出版社 2014 年 5 月版。

汽车也疯狂

西奥多 · 达林普尔 / 著　吴万伟 / 译

我的一个朋友曾经说过，汽车是所有发明的机器中最具解放性的一种。我并不以为然，至少在又小又过分拥挤而且总是堵车的欧洲，汽车并没有给人解放的感觉。有一次，我去拜访姑姑，在伦敦北端路 100 码的距离足足花费了我两个小时的时间。我并没有找到解放的感觉，只是堵车把我内心的恶魔激发出来，我沮丧地用拳头砸车窗，如果这也算解放体验的话（但这是内心恶魔的解放，不是我）。我自己也不知道为什么内心竟发出如此歇斯底里的嚎叫。除了可能被听见而觉得尴尬的因素之外，令我平静下来的唯一东西是想到交通堵塞将成为科幻作家巴拉德（the J. G. Ballard）之类反乌托邦小说的绝佳背景，书中刻画了人类在永久性交通堵塞的焦虑下行为迅速恶化，几乎马上堕落为野蛮人。大概需要拥堵多长时间坐在车里的人就会开始洗劫路边的商店以寻找吃的东西或拿水瓶相互袭击对方？我猜想不需要很长时间，只消几个小时，最多一天时间。这个故事显示，文明是多么的脆弱。为什么极端情形应该被认为比日常生活更能说明人的本性的确是个谜：或许它让我们有机会评论人类物种的道德卑劣，毕竟破坏总是一种快乐。

当然，不是每次开车旅行都会遇到交通堵塞，但我仍然没有发现自己的汽车给我带来解放的感觉。事实上，我总觉得成了汽车的奴隶。坐在车里我就不愿意去任何地方了，因为我在我家路边找到一个停车位，这是一条绕着教堂走的令人开心的街道，只能在穿过从 15 世纪到 19 世纪建造的房屋间的小路后，来到马路上。

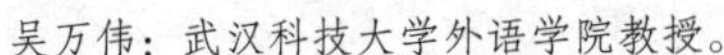

吴万伟：武汉科技大学外语学院教授。

麻烦在于这条街上的居民拥有的汽车和成年居民的数量一样多，因而停车位十分紧张。如果我开车离开，就不敢肯定返回时还能找到一个车位。我们这条街道是唯一一个地方我可以随便停车而不用付费（或者不用额外付费，因为我已经在买车时购买了停车证）的。如果不在本街停车，就必须停在别处，而且有时间限制。随后就必须开走，否则可能被贴罚单。因此，总体上说最好的办法是不开车出门或待在家里。这样我就可以少些焦虑。

汽车像手机等许多其他东西一样，如果只是少数人的特权（我根本不在乎自己不是这个少数群体的人之一）就没有什么问题，但是到了人手一个甚至还不止一个的话，噩梦就开始了。道路拥挤不堪，到任何地方去所花费的时间和无车时几乎一样长。苏联从前的笑话现在听起来不像曾经的那么荒唐了。政委正在为部队训话，阐述美国与苏联的差别，就在这时一个新兵蛋子举手提问。他问："政委同志，美国的汽车比苏联多是真的吗？"政委想了一会儿，然后回答说："是的，同志，不过我们苏联的停车位比美国多。"

在我因为担心回来后找不到车位而不愿意开车去任何地方的情况下，这个笑话一点儿都不觉得荒唐。我现在成了囚犯，如果不是汽车的囚犯至少是停车位的囚犯，我以一种非常荒谬的方式随身携带着这种焦虑。

目前，我在巴黎待了很长一段时间，通常都是乘坐公共交通工具，但有时候我也开车。结果，每当我在城市中看到停车位，不管在什么地方，都会想起来没有开自己的车来实在太遗憾了，这么好的停车位我用不上。我为错过这样的好机会而感到遗憾，即使停车位离我居住的酒店还隔几条街，我也忍不住这么想。这个想法让我的情绪低落，就好像我没有很好地利用人生的宝贵机会，我发现我的人生哲学已经变成了"在可能的情况下抓住停车位不放手"。

我不是汽车迷，我更喜欢公共交通工具。我发现这样更轻松，免受寻找停车位的焦虑（美国医师协会诊断和统计学手册中还没有这种疾病诊断，但将来某一天肯定会有的），而且公交车和地铁上的人类喜剧要比乏味无聊常常怒火中烧的独自开车好玩多了。在地铁上有时候还能看书。

正是因为汽车的缺失让我有些内疚地怀念东欧在共产党统治下的日子。只需要对比一下布加勒斯特的过去与现在，你就明白我的意思了。在过去的美好时光，交通一点儿也不拥挤，开车是一种享受。绕着城市散步，虽然有些灰蒙蒙的，有一种从前的辉煌开始衰败的沧桑感。那是一种别样的氛围，稍微有些威胁的味道，就像湿手指碰上小型电池产生的轻微刺痛感。在空荡荡的街道上，如果有人走在你身后，你可能设想他在跟踪你，即使你不这样想，但还是会忍不住左看右看以确定自己的假设是否准确。在某种程度上，认为自己值得被人跟踪或者有人对你特别感兴趣因而想知道你去哪里，要见什么人，或做了什么事，那是一种恭维。轿车（以及政治标语口号之外的广告和霓虹灯）将破坏这个氛围，是非常不合时宜的。街道上有少数车辆，虽然这些车的主人若按罗马尼亚的标准是享受特权的少数权贵，但实际上处于怠工状态，排出的尾气散发出还没有完全净化的燃料味，不时喷出一股一股骇人的黑烟；公交车艰难地蹒跚前行，好半天才过来一辆。

我一点儿都不怀念汽车交通。因为只是短暂的旅游，在我看来到宏伟的和曾经富丽堂皇的大楼前缓慢散步是一种奢侈，富裕的是时间而不是商品。当然，这不是真正的财富，正如帕特里克·麦克基尼斯在《最后一百天》中所描述的那样，“如果它不是唯一可获得的现实，它将是超现实或者一直就是超现实”。

几年后再次回到布加勒斯特，我发誓原来的自由变成了交通堵塞。这么多汽车都是从哪里冒出来的？它们提醒我意识到自己在法国厨房柜台上的场景，如果我在上面放了梨子或白糖的话。这些蚂蚁之前都在哪里藏着呢？当然，它们不可能一直在等待我犯错的机会吧？不管怎么说，我觉得现在如此可怕的交通堵塞不会增添这座城市的魅力。

当然，阿尔巴尼亚的首都地拉那就好多了。据说整个国家只有500辆汽车，这么少你可能肯定如果后面跟着一辆车，上面肯定坐着党的高级干部。（有一次在喀麦隆，我坐公交车沿着一条很多车辙的红土路走，突然一辆豪华轿车快速超车，车后扬起一阵尘土。公交车上一位乘客说了句“大家伙”（一个简单的术语可能比任何数量的政治学书籍告诉你管理国家的更多东西）。

没有轿车的地拉那的安静真是美妙啊。你能听到来自摇摇晃晃的公寓区对话的微弱低语，这些区域深受共产党政府的热爱。你可以走在最宽阔的林荫大道中间，这里绝对安全，因为没有车辆经过。另一方面，你和家人仅仅

因为随口说了一句轻微批评当局的话就可能被送到矿井下：任何好处都是需要丢掉某些东西为代价来换取的。

人们在为汽车辩护的时候说：汽车让人能想去什么地方就去什么地方，这当然是真的。但像欧洲这样的小地方，现在可参访的名胜实在轻而易举反而剥夺了我们很多的快乐，旅游的乐趣本来是从参观中衍生出来的。到了旅游旺季，法国南部海岸的交通堵塞比自然美景更加引人注目：为了来到海边，遭遇堵车一整天非常普遍。

人人都有汽车实在丑陋无比，只要是旧车，你就能选择自己喜欢的颜色，但那样的日子一去不复返了。如今，人们被允许通过选择自己喜欢的颜色来表现自我，现在汽车有青绿色也有鲜黄色［战前劳斯莱斯、布加迪（Bugatti）或者伊斯帕诺—絮扎（Hispano-Suiza）等豪华轿车都可以，但并非在很小的空间］。单单一辆鲜艳而丑陋的轿车会破坏整个街道的景色，的确如此。鲜红之所以让我深恶痛绝是因为除了视角上令人讨厌之外，这种车的司机往往特别喜欢噪音，开车时非常凶悍，这可以从交通事故统计数字上看出。

一辆汽车是套在脖子上的沉重负担。我每年都要支付税费，我必须买保险，但我强烈地感受到保险公司多收了我的保险费。每年还必须支付停车位的费用，这个费用年年都在增长（去年增加了 300%），根本没有办法购买终身停车位。几个路人纯粹出于好玩儿用钥匙划伤车身，这毫无疑问让我缺乏理性地讨厌人类这个物种。汽车在贬值，虽然最初是很昂贵的资产。我们现在已经到了这样一个时代，一辈子都生活在资产贬值的恐惧中。

现代世界拒绝学习开车的人不是很多，但我注意到我认识的那些不开车者有两点优势：他们不仅比开车的同代人更幸福、更安详，而且在某种方式上也更高贵。这绝不是什么巧合。

译自：Driven Mad by Theodore Dalrymple（November 2014），http://www.newenglishreview.org/Theodore_Dalrymple/Driven_Mad/。

作者简介：西奥多·达林普尔（Theodore Dalrymple）医生，《城市杂志》编辑和曼哈顿研究所迪特里希·魏斯曼（Dietrich Weismann）研究员。新著为《不是砰的一声垮掉，而是哭哭啼啼地消亡》。

叙事圈套，还是社会学想象力?

罗　东

潘毅（Ngai Pun）博士是研究当代中国劳工现象或问题中极为活跃的一名中国香港学者。但或许同笔者一样，不少社会学的学生（或有的学者），是基于她那篇流传于中国学术坊间的《开创一种抗争的次文体：工厂里一位女工的尖叫、梦魇和叛离》（以下简称《次文体》）一文而首先熟悉她的。

这是一篇多少有点被传奇化的学术文章。

1999 年，它的中文版发表在该年《社会学研究》第 5 期，同时另有英文版刊于 *Positions: East Asian Cultural Critique* 杂志 2000 年第 2 期。该文后来收录于《中国制造：全球化工厂下的女工》（*Made in China: Women Factory Workers in a Global Workplace*）一书的第六章，是全书最精彩、也是最引发争议的一部分。《中国制造》一书于 2005 年出版，在书中，潘毅博士深刻地分析了农民工外出打工的动因、在工厂和城市遭遇的歧视、对剥削的有限的公开抵制和女工的身体痛楚(pain),深入地考察了打工妹的身份认同(identity)在现行体制、全球资本主义和父权制三重压迫下的形成过程和打工妹的身体呈现。

该书在 2006 年 8 月获得了著名的美国米尔斯奖（C. Wright Mills Award),作为它的作者,潘毅博士也是该奖 1964 年设立以来的首位亚洲学者。

笔者第一次接触《次文体》是在 2012 年，那时懵懵懂懂，似明非明，但仍被立即吸引。不容置疑的是，它是一篇学术论文，但又同常见的文本有显著差异，从叙事、结构到理论的提炼，都令人震撼、惊叹。尽管它早已流

罗东：武汉大学社会学系硕士研究生。

传于学术坊间，但经常招来的，或是一句看不懂，或是被嘲讽为像（梦幻）小说，或是又被赞誉为对社会科学的想象力的实践，不一而足。尽管在《中国制造》面世以来，有学者通过书评间接地触及过《次文体》一文，但他们莫不是基于劳工与抗争的问题视角，对于文本里散发出来的学术视野与叙事技术（或手法）都避而不谈或蜻蜓点水。他们仍不能回答大多数读者的（除了惊叹之外的）疑惑。鉴于此，笔者将面向它带来的"惊叹"而提问：潘毅博士在文中运用的高超叙事技术到底是一项叙事圈套，还是米尔斯意义的社会学的想象力？换而言之，从接受学来看，我们的惊叹，是源于潘毅博士在文本中制造出来的，还是名副其实的"社会学的想象力"？

此外，回到理论上，笔者还试图讨论的是，潘毅博士的次文体同斯科特的日常抗争（everyday resistance）的理论关联，以及它们在中国研究（China studies）之中的价值与关怀。

一

首先来看看潘毅博士的故事梗概与理论框架。

在 1995 年 11 月至 1996 年 4 月之间，作者在深圳一家名为 Meteor 的港资电子公司以全职工人的身份做劳工研究。阿英是在这家工厂做事的一个"打工妹"。正是这位打工妹的尖叫和梦魇拉开了作者的思绪，一种身体政治和叛离的文体被显现出来——称之为抗争的"次文体"（minor genre）。

这是因为，对于阿英的尖叫与梦魇，作者多年的社会学专业训练没能提供给她一套解释方案，致使她陷入了一种不安之中。当不安感来临，作者开始了批判性的反思，同时将视野转向了德勒兹（Deleuze）和瓜塔里（Guattar）的"次文学"，以及德·塞图（Certeau）的多元文学（heterological literature），以此为灵感，开创了一种抗争的次文体，以区别于常见的、主流的抗争形式，如组织化、公开化的个体或集体行动等。在她看来，阿英的尖叫既不是弗洛依德之下的无意识，也不是主流抗争形式之中的意识，而是介于无意识与意识的夹缝中。这在于，阿英的尖叫与梦魇，并不能在弗洛依德的创伤性神经官能症（traumatic neurosis）理论那里得到诠释。这种症状创伤被定义为对意料之外的或过分的暴力事件的反应。但通过回忆和日常的谈话了解，阿英24年的人生经历并未出现过那种意外的或过分的事件。作者转而认为“阿英的梦魇和尖叫存在于她的社会生活经验中”，既是心理的，但更是社会的创伤。用作者的话来说，“阿英的梦可以解读为她实现自己的现世存在的轨迹，以及自由和抗争的可能性”。对于这来自社会的创伤，作者将叙事与论点浑然天成，完成了从个人经历同社会环境、变迁的关联，它们是全球化、资本、男权及父权等几座大山。阿英正是这些压力与压迫之下，于意识与无意识之间，以尖叫与梦魇的形式发出了她的抗争。

在意识与无意识之间有一道夹缝。阿英因为穿过了无意识，而挽回了一个失去的自我。并且，她因延展了想象的经验，而接合了意识与无意识，且在这个世上自由地经验了她自己。酣睡的灵魂从未酣睡，反而比清醒的灵魂更为敏锐和活跃。梦魇和创伤经验的重复，可以解读为坚持斗争以及对斗争自由的不懈追求。

二

回到文本的书写，我们的疑惑在于：如果抛开“流离”的文本，抽离出它的理论逻辑，会奇怪地发现仅剩一副简单的框架。受整体社会制度、文化与变迁的影响，中国女工阿英的生活（工作）遭遇进入到了她的梦中，以尖叫和梦魇的形式表现出来，这种尖叫与梦魇体现的是一种另类的身体抗争——抗争的次文体。它是同主流抗争形式相区别的，也是被后者所淹没的。如果再把简化往前推一步，压缩成“尖叫与梦也是一种抗争”也并非不可。高超的叙事手法之下，使人产生出了一种不得已的怀疑：读者可能集体地陷入了作者的叙事圈套。

在笔者看来，文本之中，有着这样几项技术或手法在形式上为我们带来了惊叹。它们或许就是一项叙事圈套。

（一）“我”的借用

在社会科学的学术文本中，一般的，作者使用的主要中文自称有“笔者”“我们”（we & us）、“我”（I & me）、“研究者”或“本文”等。在这些称谓中，不仅同作者的行文习惯相关，更多的还指涉研究背后的角色定位、自信度。举例如“笔者”，它是最为常见的学院式表达法，“我们”

则往往有两种语境：一是作者为两人以上的团队；二是作者站在读者的角度以“我们”指代模糊的对象，进而提升论证的可信度。至于“我”，若不是出自不知所以然的初出茅庐者，它就常常是过于自信的体现。“我”的使用是需要小心翼翼的。

来看看作者的“我”。

整个文本，作者的自称用的都是“我”。但潘毅博士显然不是因为以“大家”自居，有必要指出的是，在英文版中“I”却是常用表达，那是否因为是翻译的原因，即把“I”直译为“我”呢？[1]不尽然。既然是完稿事后的翻译，有理由相信，作为作者的潘毅博士比我们更注意到了这个问题。事实上，作者的“我”正是她使用的一项叙事技术。“我”带领着读者进入到抗争现场，而不仅是一种文本。这种“身临其境”的技术是通过文学手法完成的，是在叙事，而不是在论证。这种无以言表的叙事效果是“笔者”等无法实现的。

那一片寂静并没有使我裹足不前，反而在那一刻给我提供了认识人类痛苦和叛离的崭新可能性。我无法不开创一种抗争文体，尽管这在初时并未清楚意识到，但在一种欲望的驱使下，我参与了书写生产，并把自己与抗争政治接通。我为一种次文体的诞生而着迷，这种次文体能明确显示个人进入历史叙述和分析的历程，尽管那些经验之中有些是不能传达的，有些是局部的，并为特定历史以及社会文化形态所主导。

（二）“否定”的借用

在研究中，我们总是会遇到现有理论框架无法解释或回答社会事实的状况，这也常常是之所以要进行该研究并提出新的解释框架的缘由。按照现行的学术惯例，研究文本（也即论文）首先会拿出专门的篇幅集中完成“文献回顾”，在回顾中发现问题，继而在后文中再通过研究进行回应。作为读者，是十分清楚这套路子的，并不存在必然的悬念。但作为作者的潘毅博士却是在叙事过程中把这些步骤渐渐显现出来的，像是在讲故事一样，夹叙夹议，娓娓道来而浑然天成。

作者的“否定”是因为阿英的尖叫与梦魇是来自“在意识与无意识之间

[1] 从中文版的注释来看，原稿为英文，尽管中文发表时间更早。该条注释为“作者对曾宪冠先生的悉心翻译深表谢意，唯文责由作者自负”。

有一道夹缝”，既不在劳工与抗争理论框架的解释范围内，也超出了社会学的既定范畴。作者在完成对阿英这种未被言说的抗争形式的介绍后，以叙事文笔依次进行了针对个体、社会学、精神分析学说等的“否定”。

1. 作为研究者的个体否定

宿友的关系相当紧张，这不但因为空间狭小、隐私难隐，也由于阿英的尖叫声吓怕了大家，让人不能安寝。我也并不好受，这倒不是因为不能睡个好觉，而是因为无从把握、理解那尖叫声和为之执言。

2. 作为接受过社会学专业训练者的学科否定

我一时陷入了极度的焦灼和痛苦之中，因为我所受过的社会研究训练并没有告诉我怎样去掌握这种情况。我迷失了，迷失于我醒来听那尖叫的一刻。

3. 对最可能解释尖叫与梦魇的精神分析学说的否定

弗洛伊德在对犹太人被屠杀所作的研究中，把创伤理解为延缓了的“童年”悲剧经验——摩西被害于犹太历史之初。但是，我对人类心灵创伤起源的任何本质化形式均不感兴趣，我想要说明的是，阿英的梦魇和尖叫存在于她的社会生活经验中。在我看来，她的创伤是心理的，也是社会的。

（三）文本语境的构造：“陌生感”与“奇幻感”

按学术惯例来说，学术论文理应简洁明了，而绝不是文学式的浪漫或诗意表达。但作者既不按部就班，也不使用文学式的浪漫表达，而是在两者之间找到了一个难得的平衡点。在有意的文本结构安排之下，加之特定词汇的使用，作者的叙事技术再次得到了发挥。在这种技术之中，文本被建构出非同寻常的“陌生感”与“奇幻感”。

先来看作者的文本结构安排。

> 凌晨4时，一声尖叫刺进了深夜的黑暗，与往常没有两样。阿英又做了同一个噩梦，并且尖叫起来。我被那鬼魅似的叫声惊醒了，然后，夜又沉入了深深的宁静之中。

这是开头的第一段话。把抗争现场的环境以体验式的方法呈现出来，且放在了开端，在语境上首先就营造出了一个陌生的效果。“陌生—好奇”，这种安排扣人心弦。在每一节的开头，作者大致都使用了这类手法。

再来看作者的措辞。

尖叫声之后是一片可怕的寂静——由于急于理解这尖叫，在这个房间里只住了一个星期，我已陷入了焦灼之中。

作者使用了大量像“宁静”“寂静”“焦灼”“似乎”“跋涉”“迷失”这样的词汇，经验地来说，它们是不太可能出现在学术论文中的。但正是这些词汇，使作者实现了建构陌生的文本语境的结果，不仅如此，词汇所指涉的社会事实也附有了奇幻色彩。

（四）英文的语言逻辑

这篇文章之所以能够呈现出如此高超的叙事能力，还离不开一个语言上的优势。它的原稿为英文，中文为第二稿。英文的用语习惯和语言逻辑在文本中无处不见。翻译后的文本产生了意外的结果，以至于我们忘记了潘毅博士是一个中文、英文双语言的写作者。

意外的结果之一是造就了“汉译西方学术名著”的阅读感。中国社会学恢复重建30余年，虽则取得了不可磨灭的重要进步，但本土的经典学术著作却屈指可数，不论是这一代还是前两代的社会学学生，接受启蒙的书籍基本来自西方世界的译作。译作有着外文的语言逻辑，这种逻辑在作者的这篇文章中随处可见。

但是，我们没有选择。那尖叫如此有力，它以无边的指涉力量，直入意义世界。它直接来自一个属民的身体，来自一种往往被拒之文字以外的人，来自一个为实现自己的生活而挣扎的个体；它来自一个“打工妹”，一个被压迫但是仍然抗争的主体。

以及：

她发出了一声尖叫——这真正的抗争，在梦的末处唤醒了自己。倘若无意识领域并非极乐之境，她便返回意识。那尖叫，处于意识与无意识之间，宣示了她的斗争的存在。它跨越了语言与非语言、想象与现实、自我与世界。

意外的结果之二是造就了“汉译西方古典文学”的阅读感。英语的语言逻辑，加以文本里的情节叙事，在作者的文笔之下，读者完成了一次故事体验。这显然区别于一般的田野研究中的人类学书写。

可是，一段感情的发生，却迫使她离开那家公司，甚至离开东莞。因为她和那个40多岁的香港总经理有了私情。

甚而至于，这种英译汉所带有的语言差异还改变了阿英（以及文章中涉及的其他女工友）的诉说。阿英是一位土生土长的中国湖南人，但说的话却像是出自一个欧美女性之口。

> 我不知道我为什么会做那个梦，而且每次梦到的都一样。那个码头、那条河，我是多么熟悉，仿佛曾经到过。……啊，我什么时候开始做这个梦的呢？一个月前，我们连续三个晚上加班工作到11点半，而我们要在礼拜天的早上搬进新宿舍。我很累，全身每个部位都在疼，身体就像不属于自己似的。我无法控制自己的身体，也无法叫痛楚停止。

（五）毫不掩饰的价值关联

社会科学研究强调"价值中立"（value free），要求向学术共同体贡献出客观可信的社会事实及其逻辑。如果说韦伯的价值中立仅指研究过程，而不包括选题、研究完成后的政治评价，潘毅博士就挑战了价值中立的极限。正如她在文本中描述阿英的抗争是边界的、极限的体验一样，作为研究者，其自身也在科学要求的边界游走。

作者毫不掩饰她的感情倾注。

> 我领会了那痛苦，领会了在不可能的经验之中的书写可能，也领会了创造一种抗争的次文体的热切欲望。

颇为明显的是，这些个体冲突和文化期望对雇用女工的工厂是有利的。因为女工们可以在16至24岁这段精力最旺盛的阶段，把她们的劳动供给出来。经过四五年每天12小时的工作后，她们的健康衰退的时候，便是她们结婚的时候，她们离开工厂，去生儿育女，继续为男性家族服务。

三

叙事是一项技术，也是一种技巧。当卸下披在文本之上的叙事技术，剩下的，似乎不过是一次极为普通的个案研究。作为接受的一方，我们是否正是因为走进了作者的那一套"叙事圈套"才认定了文本的"想象力"？

事实上，潘毅博士这篇文章的想象力不仅体现在叙事的技术之中，在笔者看来，即使抛开技术上的叙事（以及翻译带来的偶然效果），仍不乏是一

颗罕见而又有力的“心智”。对于阿英的故事，作者完成了一次罕见而精彩的想象力实践。

对照米尔斯的“社会学的想象力”，笔者阐述如下。

米尔斯有关社会（科）学的想象力的内容中，又特别是那本驰名于世界学术界的《社会学的想象力》一书中，他将想象力具体化为了多个方面：（1）超越学科的鸿沟，（2）微观与宏观极致结合的心智，（3）研究中的人文感、历史感、使命感、自由感等等。

差不多半个世纪前，米尔斯就认为，社会科学研究应该走出学科之间的鸿沟，这种学科间融合并非是机械的交叉研究，或是概念的表意性借鉴。作为研究者和作者，潘毅博士超越于人文学、社会科学，这体现在：一是对于阿英的尖叫和梦魇，她并没有限于社会学这一学科，没有在社会学不能提供解释框架的情况之下而贸然地宣布一个新的解释框架，反而是以地毯式的努力向心理学、现象学乃至文学索要理论解释；二是在目前学术叙事体系难以书写“次文体”的情况之下，作者借鉴了文学的叙事技术。正是在这个意义之上，她走出学科沟壑的想象力既是形式的，但更是内容的，令人钦佩。

同时，将微观的个人或事件同宏观的环境或变迁结合起来，则是米尔斯提出想象力的又一关键要素。在他本人看来，它指涉的是一种能突破“行动”与“结构”二元对立的心智，能把微观的个体议题连接到宏观的社会结构，使两者结合起来，而不是相互对立或者忽视任意一方。这种心智的观点已被大多数研究者接受并内化，也往往能够在研究中坚持。然而，能够将这个连接的链条完美呈现出来，却是极少见的。作者想象力的丰富在于，不仅能敏锐地洞察到阿英的尖叫与梦魇，还能通过逻辑链条把阿英的这种日常抗争连接到社会、制度与文化。

如果没有这样的精心安排或巧妙设计，“尖叫—全球化”这一链条无疑是令人费解的。

1. 链条主要结点之一：阿英的问题是大多数女工的问题

由于这些问题是无形的，大多数女工均把它们当作个人问题，而保持缄默。但是，这些问题一旦提出来，几乎所有工人都能道出她自己的故事。因此，身体痛楚的过程是身心失调问题，同时也是社会文化问题。

2. 链条主要结点之二：问题来自社会

在阿英的故事里，我们可以找到个体与社会之间一种更为动态的关系。社会可能是“外在”的，但是，除非个体把生命彻底翻出，否则社会不能对它有任何影响。急剧的社会变化或非阿英所能控制，但它也只能在阿英认识和拒绝它的那一刻，才能破坏她的自我感觉（sense of self）。

在笔者看来，对于社会科学（家）研究者，研究中的人文感、使命感及自由感恐怕是想象力的灵魂。这大概也是为什么中外学者都不约而同地将米尔斯的想象力寄托于公共知识分子（不等同于中国语境中的“公知”一词）。潘毅博士对现象学、心理学及文学的借用与阐发，这首先便是一种人文感。但更重要的是，她立足于劳工底层，为他们的抗争书写历史，将人文感实践了下去。这令笔者想起了清华大学沈原等学者对行动社会学、解放社会学的引进与坚持。大量的社会科学教科书告诉学生，社会科学研究是价值中立的，但往往就产生了误解。这是因为，韦伯向社会科学研究提出的价值中立，不仅限于研究程序，还在于，社会科学研究同社会科学家完全是两回事。走向公共，是米尔斯的一项要义。潘毅博士近年以来对富士康等工厂劳工问题的倾心关注实践了这一要义，不仅如此，她还将这样的使命或责任感置于学术研究文本之中，致力于对阿英的抗争次文体的学术书写。既是学术研究的使命感，同时还是社会科学家走向公共的使命感。但如何在学术文本之中驾驭这样的人文感和使命感，绝非是一件易事。潘毅博士是研究者，也是阿英故事的叙述者，她突破了常规的学术文本体例，走出结构八股，将叙述、论证、理论、事实等诸要素浑然天成，整个书写游刃有余，同时还维持了文本逻辑的一致性、延续性。在笔者看来，她的学术写作是自由的。这种自由，甚至超越了米尔斯的定义。这是因为，潘毅博士不仅不受制于权力或资本的束缚，在学术的文本书写之上也实践了自由的想象力——超脱于既定的学术体例。

四

笔者认为，潘毅博士在学术共同体（及规范）与个人的自由书写之间完成了一次极限体验。对于学术写作来说，她向我们呈现了不一样的、别具一格的叙事与论证风格。

但或许，潘毅博士更杰出的贡献在于对次文体这一抗争形式的首先书写。

尽管她在文本之中从未提及美国学者斯科特在 1985 年提出的“弱者的武器”（weapons of the weak）或“隐藏的文本”（hidden transcript），但她提出的次文体令笔者感到它们之间的惊人相似，或可以说，不管是次文体还是隐藏的文本，都是一种日常抗争（everyday resistance）的形式。它们的共同之处在于，致力于对那些未被书写的反抗的书写，以批判、补充那些公开的、组织化的社会运动或集体行动。对于国家等强势集团来说，他们只关注对自身可能造成毁灭性打击的运动或革命，换而言之，也只有当这些反抗或抗争以组织化的形式表达出来才能引起他们的注意，日常抗争这样的行动是不被关注的。同时，在社会科学家那里，这些未公开的、隐蔽的抗争同样是不受关注的，或是受制于利益集团的意志，或是缺乏洞察的眼力或耐心。但事实上，正如斯科特所指出的那样，这些日常抗争存在过渡为集体行动或抗争的可能，在此意义之上，它们正是社会运动或革命的前奏。不同的是，不仅于此，次文体还实现了对隐藏文本的超越。如果将社会运动或集体行动置于公开的、组织化的普通抗争，将隐藏的文本置于隐藏的、持续进行的、悄然无息的日常抗争，尽管两者在斯科特那里存在巨大的差异，但仍然属于意识之下的行动，次文体则再进一步地突破了它们的界限——介于意识与无意识之间。但令人遗憾的是，尽管学术界不乏对《次文体》一文的赞誉或引用，但鲜有对该文在理论贡献上的关键揭示。

同斯科特的隐藏文本或弱者的武器一样，潘毅博士的次文体也遭到了同样的质疑，也即日常抗争是否是高估了行动者（如阿英）的能动性：如果连开小差、偷懒这样的行为在斯科特那里都构成了一种抗争，如果连夜里的尖叫或梦魇这样的行为在潘毅博士那里都构成了一种抗争，那么，还有什么不是抗争呢？笔者将之概化为“想象力或洞察力的边界”，也就是说，潘毅博士对次文体是否属于对想象力或洞察力的过度挖掘，因为正在于此，有批评才指出：是否存在比尖叫或梦魇更一般化的（日常）抗争呢？但回归到斯科特，他对日常抗争这一形式的回应可被视为对次文体的理解。他以“珊瑚礁”作了一个比喻，当珊瑚汇聚成珊瑚礁，也就是个体抗争可以成为整个底层抗争行动之时，这些细小而零散的抵抗不再是无组织、非系统和个人的，不再是机会主义的和自我放纵的，不再是没有革命性的后果。

在中国语境中，合法性及合法性困境是政治社会学研究中绕不过的一个坎。这是因为，对于行动中的人们（行动者）来说，发生于中国社会的诉求、维权或抗争，合法性困境是他们面临的首要问题。这里的法，不仅是既定的法律，更多的是指政治国家的意志及其意识形态。在当下中国，那些组织化或公开化的抗争仍然是奢侈的、危险的。日常抗争这样的形式，仍然在被人们艰难而又策略性地使用着，基于它而走出合法性的困境。对于学术研究来说，合法性困境始终是理解中国抗争政治一个十分关键的节点。这当然不意味着日常抗争作为解释框架是普遍可行的，但至少，它向人们揭示了另一类抗争行动的存在。零碎而坚韧，它既是一项策略性的抗争技术，也是一次次艰难的抗争实践。次文体正是这样的一种日常抗争形式，透过它，将有助于中国学者更深刻地理解处于转型期中国的诸多社会问题。

趣味符号学（之二）

赵毅衡

何时庆祝何时哭？

所谓“合时宜”，是常识，也是一条重要的符号学原理。一个符号表意行为，意义不完全在于自身，它与其他符号表意行为的排列方式，可能更为重要。“时间位置”，本身是一种重要的符号。

这个原理最有力的证明，是电影系学生必然要做的“库里肖夫实验”。这位苏联电影工作者在19岁时发现一种现象：在一个脸部特写镜头后面，分别接上三种不同的镜头。结果是观众在看的时候，根据后面出现的镜头，来断定前面那个特写镜头中的情绪。如果接的是一个欢乐的场面，观众就觉得那人的脸上露出笑容；接的是一个悲伤镜头，则观众会觉得那个特写中的人是悲伤的。其实几种串接，特写镜头是同一个，不同的邻接关系，转化为不同的符号意义。

2012年欧洲杯半决赛，意大利对德国。比赛进行到36分钟，意大利的巴洛特利（著名的“巴神”）打入两粒入球，电视转播画面出现一位德国女球迷悲痛欲绝潸然泪下，这一幕令无数电视机前的球迷感慨万千。但是比赛的解说员看到流泪一幕时，很困惑的评论：“现在哭太早了吧。”原来这是电视台的“位置造假”：女球迷的哭泣发生在赛前奏国歌仪式上，现在却被插在比赛当中。第二天这位德国女球迷收到了许多安慰她的电子邮件，才明白被忽悠了。画面是真的，位置是假的，意义也就是假的。

但是还有更严重的位置错乱：德国对荷兰的小组赛，比赛进行第22分

赵毅衡：四川大学符号学—传媒学研究所所长。

钟时，电视播出了教练勒夫与小球童戏耍。这画面是实有的，却是在开场前，插播在比赛进行到最紧张时，就成了教练漫不经心、渎职。

此种组接意义“实验”，我们其实每天在进行，只不过不太意识到。2010年世界杯四分赛荷兰对乌拉圭。荷兰球员一起走进开普敦绿点球场的时候，荷兰队教练德波尔就说今天乌拉圭队要输。“他们一走进球场，就开始拍照留念，估计这场比赛我们有戏。”他的这个“预感”很准，因为留影是告别留作纪念，在球赛前拍照，可谓不合时宜。果然本场结束，乌拉圭队打道回国。

理论提示：符号在文本中的位置，比符号本身的意义更重要。

贾宝玉为何能爱上林妹妹?

这个问题听起来是个圈套，实际是老实到极点之后才会提出的问题。贾宝玉爱上林妹妹，自有他的千种道理，万般原因，那是红学家与读《红楼梦》的少男少女回答的问题，回答的水平或高或低，或是才子佳人，或是因缘凑合，或是两人有意识形态的一致性，共同敲响封建主义丧钟。这些都假定了一个前提：贾宝玉“能够”爱上林妹妹，条件就是两人共同存在于一个文本之中。我们问的不是他们为什么相爱，而是为什么宝黛能一见钟情，而我们只有“艳谈”的份：文本之隔，就是世界之隔。

贾宝玉能够爱上林妹妹，是因为任何符号文本的一个最本质的特征：横向实在。对于贾宝玉来说，林黛玉是实在的，对于我们则不实在，而是一个隔着文本可讨论的存在，一个“谈资”。同一个文本中的各种因素，是“实在性”可以实在地相互影响。这影响当然可好可坏：如果我们与武松在同一个文本世界，那么有“可能”落到鸳鸯楼的血泊之中。叙述者的作用，就在于让作品读起来像“了解之事”，而非“想象之事”；像“事实报道”，而非“虚构叙述”。

难道只要“同一个文本世界”就行了吗？难道没有时代之隔，地域之隔，因缘凑合？难道不是林黛玉恰好寄养到贾府，才造就这一段轰轰烈烈的爱情？当然，但是这已经是第二位第三位的条件，而这种文本内次生的条件，都有许多偶然性，都是“无巧不成书”。首先要落到同一个文本世界中，武大郎才会偶然遇到潘金莲，潘金莲才会偶然遇到西门庆。

而一旦落到同一个文本中，秦琼战关公就不是瞎掰。悖论的是，这个文本条件恰恰就是侯宝林先生的相声：既然合到一道说，这事情就是有可能了。魏明伦的舞台让潘金莲会见安娜·卡列尼娜，伍迪艾伦的《午夜巴黎》让一个当代作家见到毕加索和艾略特。只要在同一个文本世界，柳梦梅痴爱画上的杜丽娘，能让她死后复活；董永爱上七仙女，能让仙姑下凡。

我这篇文字是不是在强词夺理？不是。文本的“横向实在”威力巨大，隔了文本边界往往无能为力。

在经验实在中，宣布 A 与 B 结婚，这个婚姻就延续到离婚或死亡为止；在文本中（例如在传记中），宣布 A 与 B 结婚，这个婚姻就有效到离婚或死亡为止，或文本被证明非真实为止；而在虚构文本中（例如在电影中），宣布 A 与 B 结婚，这个婚姻延伸到电影中离婚或死亡为止，甚至落幕也无法阻断他们：影片结束，文本的“语意场”并未终结：戏中说 A 与 B“幸福地白头百年”，那么戏结束也无法终止这场婚姻，因为虚构的人物如果在文本中不离不死，就永远不离不死。虚构文本中爱情天长地久，我们在文本世界外，想中断他们，也只能徒唤奈何，束手无策。

电影怪才大卫·林奇（David Lynch）导演的电影《内陆帝国》（*Inland Empire*），对这种“文本内真实”提出了一个恐怖的反向证明：女主人公说了一段有点装模作样的话，吃吃笑起来，说：“天哪，真像我们剧本里的台词。”这时响起了导演的声音“停！怎么回事？”显然，演员笑破了戏，电影破了框，要重拍。但是女人四顾，一切依旧，电影继续，周围是“现实的”房间，没有摄影班子。

她吓坏了，站起来慌忙奔跑。她的“破框”没有成功，反而肯定了区隔内强有力的真实：既然落在区隔之内，根本不是虚构世界，而是一个实在世界。这是一个超级恐怖的怪异场面，它从反面肯定了文本区隔的“真实”。

理论提示：同一文本区隔内的世界里，各种符号元素互为“真实”。

故事片与纪录片如何区分？

伊朗导演贾法·帕纳西的电影《谁能带我回家？》（*Who Can Take Me To Go Home*）为帕纳西赢得了全世界的声誉。讲的是一个小女孩放学之后迷路寻找回家之路的故事。

片子到一半，小女孩突然对准镜头大喊“我不演了！”，不听此时现身于镜头中的幕后人员的劝，径直返回了她自己的家中。然而，小女孩的麦克风并没有被摘下，摄影团队还紧紧地跟着她到她家中。

纳帕西不肯说清，影片如此结构，是一场意外带来的灵机一动拍摄方式，还是有意为之。而我们也始终弄不懂，是不是应当把影片前半段看成小女孩扮演的“虚构的电影”，而把后半段看成小女孩回到家里的“真实故事”，这是一部纪录片。

英国电影《共谱恋曲》（*Music & Lyrics*），说的是一个作曲家、歌唱家遇到一个善于作词的女孩。女孩子押韵编词的本领让人叹为观止，音乐很不错，故事不出意料，名演员休·格兰特（Hugh Grant）主演，谁也不会把它当做纪录片。但是电影结束有字幕，说这两个人（电影中男女主角的名字）在某城市安家“至今幸福地生活在一起”，电影的其他人物下落也一一交代。

我们可以把电影片头和片尾的制片队伍、工作人员、版权与免责声明等，看成是纪录片，这样任何故事片都有一个“跨界”仪式，例如“秦始皇。陈道明饰”。这是舞台的台阶，演出的幕布。越过这个门槛，里面的秦始皇就不可能被叫作陈道明；过了这道职员表，谁也不会把陈道明看成秦始皇：职员表分开两个不同的世界，正如小说的封面或标题分开两个世界——表现世界和被表现世界。

也有电影或小说，把这种区隔都写进故事之中。电影《刺陵》，讲的是一个关于探宝寻微的传奇故事。这个故事是女主人公的书里面的故事，而男女主人公却在他们的现实中演绎着这段故事。

网络小说《穿越之天雷第一部》，现代女孩雷蕾通过晋江穿越集团的机器穿越到该集团正在创作的古代天雷文中。一头是晋江御用网络写手正在电

脑前创作的小说，另一头是雷蕾置身于其中的小说世界。小说世界太雷人了！雷蕾不甘心地走遍了全城，绝望地发现每一家客栈都叫“晋江客栈”。她大骂作者残忍，而其他剧中人物浑然不知，以为理所当然。这时电脑那边的作者也在观看并根据雷蕾的反应作出情节上的调整。主人公与作者随时在斗智斗勇对抗：主人公一旦反抗既有的思路，作者马上另辟蹊径。最后认输的往往是主人公。每次被虐，雷蕾只能哀叹：“后妈呀！这是一个网络扩大版的《谁带我回家》。”

理论提示：虚构的世界必须被双层区隔，而纪实是单层区隔。

名人配名牌，还是名牌配名人？

价格是符号价值的表现，不是它的原因。符号增值已成为商品主要价值所在，问题在于品牌的符号价值如何衡量？价格是重要的指标，不同品牌在消费者心目中按符号价值高低区分为不同档次，但是，能不能把一件普通商品标上高价，然后就称之为名牌？不可能，因为牌子没有听说过。

消费者几乎从来不靠亲身体验去检验品牌，实际上他们哪怕去体验，感觉到的也是“品牌快感”。商品的外表不能算数：包装都美轮美奂，广告语都精心设计，品牌都能找到悠久历史文化。品牌的唯一的标准是“知名度”，这东西相当不好捉摸。

老百姓却有一个简单易行的标准：品牌代言人的名声等级。每个人心里都有一个自己的名人排行榜，整个社会合起来，这个排行榜就是商品排行榜。很多时候，消费者只看代言名人，心里就会对被代言品牌的价值作出衡量。因此，每个名牌会自重身份维持形象，代言人与品牌的影响力匹配：如果一个顶级品牌请了一个二三流明星做广告，给人这一品牌正在走下坡路的感觉。这么说：名牌以名人而贵。

但是名人在接广告时，也必须考虑品牌的等级，所代言的品牌形象也会影响大众对名人符号价值的判断。如果一个大明星去代言二三线品牌，会让人觉得该明星已过气，名人形象会受损。李玟最红的时候，为一款并不太出名而且价格较低廉的美发产品拍了广告，损坏了她在大品牌与广告商心目中的符号价值，以至于此后再也没拍过大牌广告。

中国的“双冰大战”不出现于演艺，却出现于品牌代言：范冰冰的话题能力一向超过李冰冰，范在 2012 年底成为 LV Alma 手袋中国区形象大使。时隔一个多月，李冰冰成为 GUCCI 历史上首位全球全线产品（手袋、时装、眼镜、高级珠宝、腕表）代言人，据说在该品牌近百年历史上，这样的待遇就连好莱坞一线明星都未能享受过。双冰代言 PK 战忽然逆袭：原来李冰冰的符号价值不输于范冰冰。

有名还没有用，还需要形象。NBA 火箭队的前主教练范甘迪是个大块头，买了一套阿玛尼西装。但工作狂的邋遢习惯改不了，常常穿着西装，蜷在办公室的沙发上睡觉。很快，名牌西装被搞得皱巴巴，包在范甘迪身上就像小丑装。眼见品牌形象遭到毁灭性贬损，阿玛尼公司领导坐不住了，私下和范甘迪商量，只要他保证不再穿阿玛尼品牌的服装，就能得到一笔数额巨大的补偿。

到底是牌以人出名，还是人以牌出名？这是人与牌子配合作战，打的都是符号

空手道。鲁迅曾经疑惑："从来不朽之笔，须传不朽之人，于是人以文传，文以人传——究竟谁靠谁传，渐渐的不甚了然起来。"今天，我们恐怕是在续写《阿Q正传》的后现代版。

理论提示：文本并不独立表现意义，属于同一个人的文本被合起来理解。

模仿死亡与符号翻转

灵长类都会模仿，模仿都只是模仿形式，所以叫做"沐猴而冠"，也就是有其样子，而无其实质。最热衷于模仿的当然是作家，作家是人中的猴精，仿不惊人死不休。至于究竟是小说现实主义地模仿生活，还是生活浪漫主义地模仿小说，还是生活犬儒主义地模仿生活，都是符号相似，意义不同。

1996年12月7日，芝加哥街上，路人惊骇地看到一栋楼十四层窗口一个人，颈悬绳索，在寒风中晃悠。那是43岁的犯罪小说家伊其尤金（Izzi Eugene），裤袋里装着三张磁卡，磁卡里是尤金刚杀青的长篇，长达800页。小说的主人公在冬天某夜受到右翼秘密组织袭击，此人预先有防范：身穿避弹衣，手指上套着打斗用的铁指节，腰里有枪还有催泪弹，他被套上绞索推出窗外，却用吊绳倒攀上去，从窗口发动反击，一举歼灭匪徒。

尤金的死亡，没有严格遵循小说安排的地方，是反栓的门完全没有被强行打开的痕迹。因此案子只剩下两种可能性：一是尤金先生有意安排一个戏剧性的自杀；另一个可能，是作者想测试一下自己小说的可信度，等到发现自己没有他的人物那么强的臂力，无法沿绳攀回窗内，悔之晚矣。警方至今未能结案：究竟尤金是有意自杀，还是模仿太顶真"失手"。

安乐死在英国不合法，英国人要安乐死，只能去安乐死合法的荷兰。麦克尤恩（Ian McEwan）的小说《阿姆斯特丹》，写一个作曲家和一个报纸主编，本是多年好友。他们遇到中年危机，觉得人生太痛苦，决定到荷兰互相"协助"死亡。在旅途船上，两人了解过深，反目成仇，互相下毒，谋杀了对方。这就把"安乐死"的法律定义"协助自杀"翻转了。实质变成了互相谋杀，形式却保留原先的计划。

于是，"模仿"的符号过程被翻了过来：本来是保留形式，取消内容，留下符号，略去对象；现在是取消内容，保留形式，留下了所指，却取消了能指。

无模仿之形，有效果之实，这或许是高一层次的模仿。如果想当皇帝的袁世凯智慧及此，他就不会上“筹安会六君子”的当，也不会上自己的当。

理论提示：符号的形式，经常比符号的对象更有意义。

沙漠王子，解释越乱越好

任何一个表达方式，解释都会多方向衍生，不同的解释者标准不同，得出完全不同的意义。鲁迅那段名言很多人引用，各种人读《红楼梦》：“单是命意，就因读者的眼光而有种种：经学家看见《易》，道学家看见淫，才子看见缠绵，革命家看见排满，流言家看见宫闱秘事。”每一个解释都可以成为意义发展的出发点，成为一种单独衍生的“红学”。

即使同一个解释者，在不同时间，不同场合，不同心态下，也会在同一符号中读出不同意义：例如近几年的高考作文题目，大多数倾向于题目模糊，允许学生可以分叉衍义，考生发展自己的论述可能性比较大。2009年北京考场用了台湾女歌手张韵涵的歌《我有一双隐形的翅膀》，虽然题解给了一段歌词，有人指出这是“小女生的歌”，适合女生写。对于男生，那就不得不让衍义朝不同的分叉方向走。

近年夏天市场上新出一种西瓜，名叫“沙漠王子”。西瓜本身味道没有给我留下太深的印象，但笔者发现很多人喜欢这个品种，都是因为这个名字。问其原因，有的说“沙漠”太阳大，瓜必然好，虽然此瓜未必来自沙漠；有人说再热的天，王子的宫殿总是凉爽；不少女孩子喜欢“王子”这个词，由此此瓜销路增加不少。

我个人则是想起法国作家圣埃克修佩里（Antoine de Saint-Exupéry）迷人的童话小说《小王子》（Le Petit Prince），一个飞行员迫

降于沙漠，遇到一个外星上来的小王子，他们很可能共享这种瓜解暑，留下瓜种给我们：或许我读书比一般人多几本，引向不同于别人的理解。不过我这个解释，只能让此种西瓜每年多卖出几个。

这种情况随时随地都可能发生。例如“此处停车责任自负”，会变成鼓励小偷偷车的标记。《魏书》载，曹操“常以送终之制，袭称之数，繁而无益，俗又过之，故预自制终亡衣服，四箧而已”，曹操明明白白告诉别人，我的墓里没有什么值钱的东西，无非几件破衣烂衫，你们不要盗。但是这句话显然与人们的一般理解矛盾：贵为魏王怎么可能如此简葬？莫非有什么稀世珍宝在墓中？再加上当时整个社会倾向于厚葬，而且此话出于曹操之口，曹操为人向来深不可测，所以反倒让人们认为里面定有贵重陪葬品。

理论提示：符号表意，是一个开放的过程，每个人解释标准不同。

刘邦如何用符号学战胜项羽

意义是符号的生命，而这个生命却捏在解释者手里：不携意义的符号，就不是符号，而是无意义的事物。某富翁请老同学客，上鱼翅每人一碗。某客人觉得好吃，说“这粥味道不错，给我们每人再来一碗！”这一圈，又多破费几千元。感知为粥，就是粥。

所有的符号都有可能回归为物。《三国演义》第六回，说到孙坚在焚烧的汉室皇宫，找到了秦汉皇位的玉玺：“王莽篡逆，孝元皇太后将印打王寻、苏献，崩其一角，以金镶之”。玉玺本是皇位的符号，而且绝对是一件纯符号，除了表示皇权没有其他意义。但是也可以用来打人：玉玺在打人这一刻它失去原意义，不是权位符号，而是老太太使用的笨拙武器。此后，此玉玺补上金镶角，在《三国演义》中，此镶角补丁，被当作玉玺是绝对皇位真传的证据，军阀之间为此大开战。于是，用玉玺打人的后果，又被符号化，带上重大证实意义。

19 世纪后半期，河南省安阳市小屯村的农民经常在农田里挖刨出古代甲骨，说是龙骨，中药铺收购。光绪二十五年秋，在北京任国子监祭酒的王懿荣得了疟疾，家人到宣武门外达仁堂中药店买回一剂中药，王懿荣无意中看到其中的一味叫“龙骨”的药品上面刻画着一些道痕。对金石文字有研究的

王懿荣觉得这不是一般的刻痕，很像古代文字，但其形状又非籀非篆。他派人赶到达仁堂，以每片二两银子的高价，把药店所有刻有符号的龙骨全部买下，后来又通过古董商搜购，累计共收集了 1500 多片。他从甲骨上的刻画痕迹逐渐辨识出“雨”“日”“月”“山”“水”等字，后又找出商代几位国王的名字。由此肯定这是刻画在兽骨上的古文献，从此引起了轰动，文人学士竞相搜求。

由此，甲骨文经历了一个从符号载体（商代占卜、记录器物），到纯“物”使用（中药：骨粉有收敛止血功效），又再次变为符号载体（古代文化研究资料）的符号价值升降过程。

电影《唐伯虎点秋香》中，唐伯虎的诗集在秋香看来极其神圣珍贵，然而他的八个表妹在打麻将时发现桌子不稳，就把书拿来垫桌腿。此电影开头片段中唐府门前的碎纸片，当地文人把其作为墨宝，而唐伯虎本人则将其看做垃圾。这种变化不一定是虚构：四川西昌地震碑林被称为中国四大碑林，石碑上记有西昌历史上发生的几次大地震的情况，这些记事碑或墓碑史学价值很高。但是这些石碑多少世纪一直被村民当做石条，当桥板或者洗衣板使用。这个号称“四大碑林”之一的碑刻，多由邛海周边农村搜罗而来。

因此，物不断被符号化获得意义，或去符号化失去意义，符号是可以上下滑动的标尺。史记《高祖本纪》记载，项羽俘虏的刘邦的父亲，他在阵前威胁，要把刘父放在锅里煮。刘邦坦然说：“吾与项羽俱北面受命怀王，曰‘约为兄弟’，吾翁即若翁，必欲烹而翁，则幸分我一杯羹。”这是一场“符号化”的心理战：两个军阀比谁更流氓。刘邦把煮父亲的汤不当作自己父亲的肉汤，拒绝对其符号意义做相应解释，项羽就无计可施：煮了刘邦父亲也“没有意义”。

理论提示：解释者把某物理解为携带着某意义，这就是某意义的符号。

枪炮与社会学：那些二战中的社会学家们

张杨波

如果没有第二次世界大战的爆发，社会学会少些什么呢？二战因其涉及面之广、波及程度之惨烈，是人类有史以来最残酷的世界大战。面对这场血腥的战争，社会学家们当时在做什么？或者反问一句，如果没有二战爆发，社会学又会少些什么呢？谈这个话题，我们不能按常理来想，而是要采取一种反事实的思维——和现在相比，如果没有爆发二战，结果会是怎样？

在很多的社会学教科书中，编者往往将西方社会学家的生平情境与他们的学术作品割裂开来，殊不知这样做会遮蔽我们理解这些作品的视野，因为有些作品必须要放在特定的历史场景下才能更好地理解。战争尤其是第二次世界大战是诸多历史情境中最重要的一环，忽略了它就等于抛弃了理解社会学作品的背景资料。接下来，我将系统整理散落在不同文献资料里的相关叙述，力争为读者还原，二战场景中我们所熟悉的那些社会学家们到底在忙些什么？

家国不幸学术兴

如果没有二战爆发，诺贝特·埃利亚斯（20 世纪伟大的社会学家）可能还在德国法兰克福大学做卡尔·曼海姆教授（知识社会学奠基人之一）的研究助理，准备一篇题为《宫廷人》的教授论文，争取有朝一日尽快获得大学的正式教席。然而，二战爆发打破了他的这番人生设计。纳粹崛起后，德国兴起的反犹风暴迫使曼海姆流亡海外，而失去依靠的埃利亚斯最终辗转到达

张杨波：武汉大学社会学系副教授。

英国。他在伦敦求职四处碰壁，最后不得已在类似社区大学一样的学校谋职。神奇的是，他的学术生涯却在此时发生了最重要的转折，他在大英博物馆偶然间浏览到中世纪的礼仪手册，他惊讶地发现不同历史时期人们的社会交往礼仪居然有这么大的变化。获得灵感之后，埃利亚斯潜心写作，最终才有了煌煌巨著《文明的进程》的诞生。吊诡的是，在成书的若干年内，他和这本书在学界并没有得到很大的反响，原因可能是他在一个不当的时间（二战爆发）用一个不当的语言（德语）讨论了一件不当的事情（国家之间正在相互厮杀，谁还愿意听你讲什么文明进程）。幸运的是，在他步入老年之际，学界对他的著作产生了浓厚的兴趣，例如他的《文明的进程》在 1998 年被国际社会学会列为 20 世纪最有影响力的社会学作品之一。

如果没有二战爆发，刘易斯·科塞（美国社会学冲突理论的重要代表）估计还留在德国开展他的社会主义学生运动。可是，纳粹崛起迫使他前往法国，虽然在刚来时他经历了一番挫折，但很快就进入了法国巴黎大学的文理学院，潜心比较文学研究，他尝试比较德法英三国社会结构对小说叙事结构影响的差异。然而，二战爆发后，他辗转经西班牙和葡萄牙后最终才逃难到美国纽约，几经周折终于进入哥伦比亚大学社会学系，在这里他遇到了未来的良师益友——罗伯特·默顿。在默顿的精心指导下，科塞对齐美尔的冲突论思想进行了深入钻研，并最终形成了独具特色的冲突的功能论思想。与科塞经历相似的还有现象社会学家阿尔弗德·舒茨，他当时也是为躲避纳粹迫害先是逃往巴黎，随后又前往美国纽约，一边在银行工作，一边在社会研究新学院教书发展他的现象学社会学理论，在这样的情况下写出了现象学社会学的系列重要论文。

战争也改变了塔尔科特·帕森斯的命运。1937 年，已经在哈佛大学默默任教十年之久的帕森斯（美国社会学功能理论的奠基人）出版了《社会行动的结构》，但是这本书在刚出版并没有在学界引起很大反响，反而是在二战结束之后的若干年内才引起了学界的关注，原因是本书探讨的问题是国家社会主义如何变成民主社会对立面的，纳粹德国的兴起和第二次世界大战的爆发迫使社会学家们冷静下来思考这个话题，而这本书适时提供了理论上的重要指导。此外，在整个战争期间，帕森斯都没闲着，在战争临近结束时，他

就发表了系列文章着力讨论如何处置战后的德国。他还参与了哈佛海外管理学院的培训未来军管政府官员的项目，希望借助社会学的专业技能去改造德国的经济结构（文献观点引自：乌塔·格哈特：《帕森斯学术思想评传》，李康译，北京大学出版社，2009）。正是帕森斯等一批哈佛大学学者的努力，为社会科学家赢得了声誉，这是我们以前没有看到的帕森斯真实的一面。

虽然二战爆发了，另外一位社会学家罗伯特·默顿（美国社会学功能理论的代表）还像往常一样天天和保罗·拉扎斯菲尔德见面讨论学术问题，偶尔还给保罗改一下他的大作。然而珍珠港事件的爆发将美国卷入了战争的漩涡，美国军方希望塑造新兵正确的战争观，于是邀请著名导演弗兰克·卡帕拍摄了影片《我们为何而战》，可是不确定这样做是否达到了预期的宣传效果，于是聘请了一批社会科学家参与效果调查研究（文献观点引自：希伦·A. 洛厄里、梅尔文·L. 德弗勒：《大众传播效果研究的里程碑》，刘海龙等译，中国人民大学出版社 2012 年版）。默顿是个幸运儿，因为他作为哥伦比亚大学应用研究所的副所长，从一开始就能接触到保罗及其他社会学家收集的与战争相关的经验资料。在此时，默顿作为一名天才理论家的才能发挥得淋漓尽致。他在通读美国定量社会学家 S.A. 斯托弗等人撰写的《美国士兵》调查报告后，居然选择了其中的一些篇章发展了著名的参考群体行为理论。更让人惊奇的是，针对美国军方进行的新兵观影效果调查研究，当其他学者还在为数据分析结论争吵不休的时候，默顿和他的老搭档保罗还就此发展出了著名的“回飞镖效应”假说（它是指传播者针对接受者发布的宣传资料，但并没有达到预期效果，甚至还产生一些意料之外的后果），为当时的宣传受众效果经验研究提供了重要的理论指导（文献观点引自：罗伯特·K. 默顿：《社会理论和社会结构》，唐少杰、齐心等译，译林出版社 2006 年版）。

失之东隅、收之桑榆

对于科塞、埃利亚斯和舒茨等社会学家，二战迫使他们背井离乡、流离失所甚至双亲罹难，例如父母死于纳粹集中营的埃利亚斯在战后七年不着文字，因为担心自己的情感会影响研究的价值中立，但是让他们在社会学领域开辟了一片新天地。如果没有二战，埃利亚斯可能已经获得了法兰克福大学的正式教职，但是《文明的进程》也许就不会面世；科塞也许已经从社会学角度完成了他的文学社会学研究论文，但是我们也就无法受到科塞新冲突论的启发了；斯托弗、默顿等社会学家或许没有这么好的机会获得如此丰厚的实证材料和研究灵感，参考群体行为理论和回飞镖效应即使诞生估计也要很长的时间了；帕森斯当然也不会那么快因为他的《社会行动的结构》而在学界声名卓著，我们也不会了解社会科学家在战争期间居然能有那么大的作为。如果没有二战的爆发，可能会有其他类型的学术成果问世，但是我们能否看到眼前这一本本的经典论著，就不得而知了。

战争带给人类社会的是无尽的创伤和哀痛，不少优秀的社会学家和人类学家在前线阵亡。比如作为埃米尔·涂尔干（古典社会学三大家之一）的天才弟子的赫尔茨，著有《死亡与右手》，如果没有在一战中阵亡，他可能会为社会学界贡献更多的佳作。但与此同时，战争也为社会学学科带来了一些“非预期的社会后果”（默顿早期提出的一个概念，是理解默顿思想的一个学术核心概念），一批卓越的社会学家将战争素材作为发展社会学理论的重要契机。他们凭借出众的社会学才华，对战争这种极端现象积极展开全面的社会调查，积累了丰富的实证材料，提炼出精妙的社会学理论，不仅推动了社会学学科的快速发展，而且有效降低了战争对人类社会的极大危害。事实上，战争对社会学的启发又何止是第二次世界大战！马克斯·韦伯（古典社会学三大家之一）就尝试以古罗马军队方阵组织的历史演变作为探索西方理性化进程的重要素材。

战争除了影响社会学，对其他学科的影响也不小。美国心理学家埃里克森的自我认同理论就是在研究二战退伍美国士兵的材料后而提出的；美国传播学的受众效果研究的快速发展与当时美国军方支持的电影效果研究又有很大的关联；美国政治学家斯考切波通过对中俄法三国的比较研究，试图揭示国家分裂、农民起义与革命暴发之间的联系。遗憾的是，我们在研习西方社会科学理论的时候，把大部分精力都放在西方学者说了什么和怎么说，却不自觉地将背后那些丰富有趣的历史过程给人为省略了，战争就是被忽略的一个重要场景。

将遗忘的历史找回来

如果你不知道二战，你眼中的“回飞镖效应”就是那么几个段落，你所知道的参考群体行为理论就是那么几个章节。脱离了历史背景下的西方社会学理论就会变成纯粹的名词介绍或理论引介，这无疑会让西方理论变成无根之木、无源之水，而这不就是当前国内学者对西方社会学理论研究的现状吗？这种现象的产生，与以往单纯引入西方社会学理论教科书和国内学者编译理论教材的方式有关，因为这些教材重在讲述西方社会学家说了什么，至多会提到他们如何说，至于为什么这样说以及述说背后的社会历史背景却被抹掉了。因此，我们现在看到的是冷冰冰、干巴巴的西方社会学理论或概念，结果便是学生难学教师难教。要想改变这种尴尬的局面，就必须把我们此前遗忘的社会学理论背后的历史脉络给找回来，从原来广度上的一般观点介绍转向现在的深度纵向挖掘。就是以某位社会学家的观点为例，既要阐述该论点与他的其他论点之间的联系，同时又要挖掘该观点背后的历史生成过程，例如作者的回忆录、日志和口头演讲都是可资利用的生动素材。默顿在《社会理论和社会结构》中对当时美国流行的理论教材编写方法提出过严厉的批评，认为与其逐一介绍每个社会学家的观点，还不如围绕社会学家的观点做科学史上的探索。

战争只是诸多历史进程的一个方面，还有其他重要的社会历史场景也在某种程度上推动社会学的发展。例如美国著名的民意调查公司盖洛普调查公司正是在预见富兰克林·罗斯福将大胜阿尔夫·兰登（美国总统大选共和党的候选人，时任美国堪萨斯州的州长）的情景下异军突起，而成功原因正是公司创始人盖洛普采取了当时最新的配额抽样方法。如果不了解这段历史，你现在所知道的抽样框偏差观点是多么的单调和乏味。总而言之，这样来说并不是为二战爆发的合法性辩护，而是想告诉读者，作为一名社会学者，必须直面身边的重大社会事件（战争也不例外），运用社会学理论和方法进行系统深入的调研与创作。在以后的历史记忆中，我们才能看到社会学家活跃的身影，社会学是否有必要存在并不需要那么多人反复去讲，因为不断地实践就是对它最好的辩护。

如何在现代社会追求“脆弱的幸福”？

康子兴

一、卢梭与现代性

如何理解现代社会以及现代生活之可能性呢？这个问题对每一个现代人都至关重要。然而，生存在现代性的洞穴里，我们并不能清晰、深刻地洞察自己的生存处境。我们需要有来自洞穴外的智慧，需要一双眼睛带领我们认识洞穴以外的世界，从洞外借取火种，然后才能对我们自身有全面的理解。就像卢梭在《爱弥儿》里所教导的那样，若要认识人的义务和幸福，我们就有必要通过良心的反思来认知自然秩序及其创造者，认知人在自然秩序中的位置，以及与上帝之间的关系。在《旧制度与大革命》的首章，托克维尔曾谈起观察与反思大革命的时机，认为思考历史需要在时间之河上找到一个既不太近也不过于遥远的立足点：太近容易被激情所左右；若相距太远，“伟大的革命一旦成功，便使产生革命的原因消失，革命由于本身的成功，反而变得不可理解了”（托克维尔：《旧制度与大革命》，商务印书馆 1997 年版，第 44 页）。对现代性的思索同样如此：我们需要在文明的河流上找到一个立足点，既不远也不近。

在托多罗夫看来，卢梭的思想就是一双这样的眼睛，他的著作则是可以帮助我们反思自身和现代性的基石。卢梭对我们的意义，不仅因为其雄辩，因为他对正义、道德、幸福等永恒问题的深刻思索，还因为他处在文明之河流入现代社会的拐角处。在那时，现代性的基本原则已经得到精细的阐述和广泛接受，但这些原则可能产生的激烈后果，对风俗、道德和宗教造成的冲

康子兴：北京航空航天大学人文与社会科学高等研究院教师。

击则较少为乐观的启蒙哲人所体认，至少尚未得到系统的阐述。在那里，卢梭能够向后追怀古典世界和黄金时代的德性与幸福，批判启蒙思想，并向前展望现代社会、政治与道德的可能性。卢梭的思想在自然与文明、古典与现代、人与公民等多个层面、多重对立中展开，充分展现了现代性的复杂张力。于是，托多罗夫如此评价卢梭："他比任何人（尤其在法国）都更为突出地发现并创造了我们的现代性。"（茨维坦·托多罗夫：《脆弱的幸福》，华东师范大学出版社 2012 年版，第 11 页）

托多罗夫力图找到一种"返璞归真"的著述方式，以简单的方法来言说复杂的东西，以便于医治现时代语言的分裂。托多罗夫在文学或"言说方式"上的努力其实指向了一个永恒的伦理学问题，即"人应该如何生活"。我们与自己、周围的人，与国家体制和政治的关系都可能成为引发我们思考的问题，因为"我们所有的人都会在这个或那个时刻面临选择，即我们要过一种什么类型的生活"（同上书，第 9 页）。但在现时代，思考和谈论这些问题却具有相当大的困难。存在、平等、自由、德性、道义等概念是用来指称这些选择或其结果的词汇，它们"听上去都空洞无物，不足以让我们抓住生活"（同上书，第 9 页）。语言是表达思想的工具。过于抽象的词汇若不能融入生活经验，思想与生活便处于分裂之中。如此，不只思想徒然具有空虚的形式；而且，生活亦未能经受思想的省察，只能是无根且迷茫的生活。如果说现代语言是现代精神的外在体现，那么语言的分裂便揭示了现代性的内在危机。如果面对正义、自由、幸福等根本的问题，日常语言只能三缄其口，保持沉默，那么我们在生活中就要经受道德虚无的摧残和痛苦（同上书，第 9 ~ 10 页）。由此看来，托多罗夫对语言的反思乃是立足于他对现代性的批判性思考；而他所谓的"实践性阅读"则要将那个

茨维坦·托多罗夫，原籍保加利亚的法国著名文学理论家、历史学家，当代著名结构主义符号学家、文艺理论家。

苏格拉底式问题重新引入生活和经验，或者说让思想重新抓住生活，从而实现两者之间的统一。

在这样的问题意识下，对托多罗夫而言，卢梭就不仅仅是现代性的阐释者和创造者，还是“实践性阅读”的伟大导师，是思想与经验相交融的典范。由是，通过耙梳卢梭的思想，我们不仅能够理清现代性的精神理路，还能发现他对现代性的反思和批判、对现代性的整全性理解，以及对幸福可能性的思考，并从中得到启发。由是，很自然地，托多罗夫要关心卢梭的思想主题与表达方式之间的密切联系。尽管他自己在文中强调他所致力于的阅读的最终目的“既非哲学也非文学的”（同上书，第 11 页）。但实际上他要将两者融合在一起。无论从哪一个方面来说，在现代语境下，卢梭都是最理想的代言人。托多罗夫并不需要直接言说，他对卢梭的选择和解释就足以说明一切。同样很自然地，托多罗夫对卢梭的解释要从“分裂”（或者对立）开始，然后在此基础上逐步上升，实现最终的弥合统一。卢梭的作品也在这种阶梯式的阅读和诠释中逐一安顿，最终勾勒出一个完整一致的理论体系。

二、人与公民

卢梭对现代人及其境遇的认知借助于两条线索：一为历史，二为自然史。《论科学与艺术》的论述方式颇类似于马基雅维利的《论李维》，通过史论阐述古典城邦和共和国的风尚、德性，以及公民精神。历史所揭示的是现实的政治智慧。卢梭频频引用色诺芬、塔西佗等古典史家的著作以及古希腊、波斯、罗马的史迹，追溯远古时代公民的质朴、勇武且具有高贵的品位，映衬出现代人的奢靡、柔弱、品味低贱。“古代政治家永不休止地讲求风尚与德行，而我们的政治家却只讲求生意和金钱。”（卢梭：《论科学与艺术》，何兆武译，上海人民出版社 2007 年版，第 43 页）在现代社会，“需要”（needs）僭取了王座，取代“政治”成为人们生活的核心原则。“需要”建立起自己的帝国，科学与艺术则成为辅臣，使其地位得以巩固。（同上书，第 21 页）现代的科学与艺术在本质上背离了古典城邦和共和国的逻辑，瓦解了政治体。而与科学、艺术相伴而生的奢侈风尚便自然地瓦解了公民精神。与前论相比，《论人与人之间不平等的起源》更注重对文明史的哲学化呈现，揭示了人类

由“自然状态”逐步走向不平等社会的过程。但这并不是专属于某一个民族或国家的历史，而是属于整个人类的具有普遍化意义的自然史。“自然状态”体现了人性本身的整全与统一，虽然人与人之间相互独立，并未结成社会，却最为完整地体现了自然的善与和谐。日趋富裕的文明社会则为奴役所苦，充斥着阶层对立和不平等，也日益远离了自然法。

无论是在历史的维度还是自然史的维度，现代人都深陷多重分裂和对立。与古典时代相比，现代人丧失了政治的或公民的统一性，身陷财富与德性、个体与社会之间的对立。与自然状态相比，文明人丧失了自然的统一性和自由，经受虚荣和意见的撕扯，身陷政治和法律的奴役。托多罗夫的解释便由此出发，认为卢梭的理论结构亦由此奠基：卢梭的思想包含着对过去的缅怀，又伴随着对现在的批判，还要在未来找到对抗当下罪恶的方法（同上书，第23页）。

托多罗夫将卢梭的理论线条概括为以下几重对立，以及疗救这些对立的道路：自然状态与社会状态间的对立、自然人（l’homme naturel）与“人为的人”（l’homme de l’homme）之间的对立、自爱心（amour de soi）与自恋心（amour propre）之间的对立。这三组对立高度重合，均揭示了文明人背离自然状态所堕入的分裂，我们甚至可以将之归结为自然统一与社会性分裂之间的对立。根据托多罗夫的解释，正是社会导致了由前者向后者的堕落过程。“这种反转只能从自然状态到社会状态的过渡中找到解释。是我们的社会制度，我们的社会秩序——总之，是社会制造了这个灾难性的后果。”（茨维坦·托多罗夫：《脆弱的幸福》，华东师范大学出版社2012年版，第17页）

但是，卢梭并不是一个原始主义者，亦非一个倒退的拥护者。卢梭关于社会演化的论述并非对实际历史的真实刻画，而是“带有假设和有条件的推论”。卢梭的疗救之道从来不曾是回归“自然状态”，不是后退，而是向前。卢梭设计了一个理想的未来，《二论》之后的所有著作都致力于对此的描绘。于是，在卢梭的理论结构里，人类的命运图解出现了原初的纯洁、堕落与救赎三个阶段。

托多罗夫发现，卢梭在关于“疗救之道”的论述中又揭示了另一重对立：人与公民的对立。它使哲人对人类幸福的承诺变得更加复杂。既然历史向我们揭示了古典城邦和政制的美好，难道不可以复制古代的制度，使人们重返公民状态吗？这样一来，只要解决了理想城邦的问题，公民的幸福不就有了确切而稳固的保障？托多罗夫发现，卢梭并未轻率地给出一个明确的答案，而是向我们揭示了现代人与古典城邦公民之间所处情形的不同。“一方面，像斯巴达人、罗马人一样，他是一个特定社会的一员，是‘公民’，有义务为这个社会的最大利益而战。但在另一方面，他已成为一个个体——一个自主存在的实体，依靠自身的力量来获取幸福的生灵；他还是一个人。”（同上书，第 27 页）

因此，人类未来的可能道路便通往两个不同的方向。依据托多罗夫的解释，我们很难说公民的道路与人类个体的道路孰优孰劣，它们是两套独立的价值体系，仅仅代表着道德与政治的区分（同上书，第 31 页）。

然而，人的理想与公民的理想彻底地不可调和，甚至相互排斥。人与公民是两个必然相悖的目的（necessarily opposed objects）。公民是一个“无我”（exclusive of himself）的存在，而“自然人”则完全为了自我（entirely for himself）（卢梭：《爱弥儿》，商务印书馆，第 9 ~ 10 页）。托多罗夫援引《爱弥儿》中的论述来印证自己的结论。“由于不得不同自然或社会体制进行斗争，所以必须在把人教育成一个人还是教育成一个公民之间加以选择，因为我们不能同时把人教育成者两种人。”（转引自托多罗夫：《脆弱的幸福》，第 32 页）这样，卢梭关于现代人处境的描述便具有了《安提戈涅》式的悲剧色彩。为了恪尽自己对母邦（Fatherland）的公民义务以及信守对迦太基人的承诺，罗马人雷居鲁斯自愿受酷刑而死。政治义务与斯多葛主义德性共同谱写了这曲悲歌。在“无我”与“自我”之间，死亡成了雷居鲁斯唯一的归宿。然而，现代人却没有了这种大无畏的气概，既不能尽然忘我，也无法坚持自我。他身在政治秩序之中，却又将自然情感置于首要位置；他总是在自然倾向和义务之间徘徊游移。他既不是人也不是公民，而只是个一无是处的布尔乔亚。人与公民的理想本是不相容的两个极端，但在现代社会它们均受到瓦解，变得含混而模糊。其碎片共存于同一个人身上，使之成为自我分裂的双面人（double man）（Rousseau, Emile, translated by Allan Bloom, Basic Books, 1979, p.41.）；于人于己，他都带不来好处。

除了人与公民之间的区分，托多罗夫还提醒读者注意另一层区别，即“个体目标的两个版本”。在《爱弥儿》中，卢梭对自然人作出如此描述：“自然人完全是为了他自己。他是一个数的单位，只与自我（itself）或人类（its kind）相关的绝对整体。”（Rousseau, Emile, translated by Allan Bloom, Basic Books, 1979, p.41.）在这个定义中，“人”的理想又指向了两个不同的方向：内在的“自我”与外在的“人类”。托多罗夫多次从字里行间感受到了这样的弦外之音。比如谈到苏格拉底时，“卢梭说他的幸福只取决于他自身，同时又说他的爱是献给整个世界的”（托多罗夫：《脆弱的幸福》，第 34 页）。论教育时，卢梭又提出了“培养为自己的人”和“培养为他人的人”之间的区别（同上书，第 35 页）。而在《爱弥儿》第五卷中，托多罗夫找到了更为明确的证据。在爱弥儿热恋之际，让 · 雅克要求他离开心上人，前往欧洲各国游历，考察政治与法律。让 · 雅克声称：“在审视过他自己同其他存在之间的物的关系，同其他人之间的道德关系之后，他剩下要做的就是对自己与同胞公民的政治关系（civil relations）做些考察。”卢梭在这段话中揭示出一个人生活的三个不同视角。托多罗夫则认为他们刚好对应着人类未来的三种可能性，符合三种不同类型的人：孤独的个体，即拥有自身身体的人；公民，即城邦的一员；道德个体，即世界居民（同上书）。

不仅如此，托多罗夫还将卢梭的著作按照上述路线图分为三类。《一论》《关于波兰政府的思考》《社会契约论》重点论述了公民理想，其自传作品、《致马勒泽尔布先生的信》《孤独漫步者的遐思》则阐发了孤独者的义理，《爱弥儿》则是描绘了道德个体的道路。在言说方式上，它们也相应有别：描绘公民道路适合用系统的论文，自传适合描述孤独个体；《爱弥儿》则是一部混合著作，既是个人化的，又是非个人化的，即是想象的又充满思考。

三、脆弱的幸福

卢梭揭示了现代人在政治和自然层面的分裂，并指出了重返统一性的三条道路。然而，人的理想与公民理想之间无法兼容的对立冲突暗示着它们并非必然导向幸福。不仅如此，卢梭甚至明确指出，这种矛盾是人类无法避免的不幸的主要根源。“人的悲惨是由……天性与社会制度之间，人与公民之间的矛盾造成的。……要么让他献身国家，要么让他只为自己，但如果让他心有旁骛就毁了他”（转引自托多罗夫：《脆弱的幸福》，第 34 页；原文出自卢梭：《政府片论》）。

然而，现代社会的实际处境是：公民的理想难以实现，现代人也难以守护源自天性的内在统一。

吕库古是卓越的立法者，他不仅能够纯化人的心灵，甚至改变其本性（denature）（Rousseau, Emile, translated by Allan Bloom, Basic Books, 1979, p.40.）。在斯巴达政制中，卓越的公民德性既出于理想政体，也源自人的单纯以及可被塑造的无限可能性。在那个时候，政治的生活与人的生活并未产生分裂。正因为如此，亚里士多德才在《政治学》中论断“人是政治的动物”。然而，基督教诞生并在土地上建立起一个精神王国之后，宗教与法律之间的统一瓦解了。政治动物的内在统一性也随之崩溃，人在上帝的王国与恺撒的王国之间被争夺、撕扯，并由此滋生了狂暴的专制与迫害（卢梭：《社会契约论》第四卷第八章，商务印书馆 2003 年年版，第 170 页）。卢梭声称，“祖国与公民这两个词应该从现代语言中删掉”；因为既然没有了祖国，也就不存在任何公民。托多罗夫则如此描述这一古今之变：“一个事件在历史上已经发生，它无可挽回地将从前的斯巴达同今天的法国分开：人类已经开始把自己看作是具有意志的个体，是主体，是完完全全的独立实体，而不仅仅是共同体，这个更大的实体的一分子。”正如卢梭所谓的“强迫他自由”。

人的个体性已经深深地扎下根来，并由此诞生了平等、自由、权利等现代社会的基本原则。我们如果无视这一境况，强行地使人成为公民（正如卢梭所谓的“强迫他自由”），便注定要抹杀自我和个体；从而“置自由原则于危险之中”，并因为取消了平等原则而“使我们远离人性”（同上，第 55 页）。

人在现代社会中的境遇使之必然要为真正意义上的公民生活付出代价，作出牺牲。而实际上，卢梭认为重建公民理想的困难之大，不仅需要立法者的伟大智慧，还需要神助（卢梭：《社会契约论》第二卷第七章，第 49 ~ 55 页）。与此同时，自然史上的孤独者理想也不能为现代人带来幸福的承诺。根据托多罗夫的分析，《新爱洛伊丝》《忏悔录》《孤独漫步者的遐思》为对“孤独者”理想的全面刻画。“孤独者”的道路超越善恶，建立在对经验强度的

崇拜之上。这条道路主张："只需让我们自身的善良天性发生作用，结果就会和出于道德而可能获得的结果一样，甚至更好。"（托多罗夫：《脆弱的幸福》，第95页）然而，善良本身根植于人心的程度不足以支持"伟大的智慧甚至伟大的德行"。在经过仔细探究之后，卢梭不得不放弃对善良的渴望，转而简单满足于欲望的实现所带来的幸福。但这条道路潜藏着巨大的危险，卢梭对此亦有清晰的认知。"请告诉我，那个只以自己的内心愿望为行为法则，无法抗拒自己的任何欲望的人要作恶到什么程度才会停止呢？"（转引自托多罗夫：《脆弱的幸福》，第96页；原文出自《爱弥儿》第五卷）。卢梭在书中所刻画的"孤独者"则是"一个没有找到幸福的人的例子"。因此，孤独个体的道路并不通向幸福，而卢梭也并未向我们吹嘘这条道路。

"公民"意味着彻底的社会化，"孤独者"则完全保留了自然人的理想。然而，两者最终都导向了死胡同。人类的社会化已经是一个不可逆转的历史过程，回归自然状态，在孤独中守护宁静的幸福已无可能。个体性的出现又不容人走向彻底的社会化。在自然状态与社会状态的对立中，取消任何一个都不能导向幸福。若能调和两者，让自然理想与社会现实实现统一，在消除人的矛盾的同时，他通往幸福生活的一大障碍不也随之消除了吗？这正是道德个体道路的出发点，也是卢梭要在《爱弥儿》中所做的尝试。

爱弥儿所接受的教育并非传统的"公共教育"（public education），亦非当时流行的"学院教育"（college education），而被称为"家庭教育"（domestic education）。它并不致力于改变人性，使之成为城邦的一部分；而是要改善个体，为他即将进入的社会生活做准备。

爱弥儿要经历"否定的教育"（托多罗夫将其称之为"个体教育"）和道德教育（或"社会教育"）才成长为一个成熟的人。在其接受教育的两个阶段，家庭教师让·雅克总是伴其左右，使其身体与精神得到合乎自然的发育，防止他受到"虚荣"等腐朽社会风气的影响，防止他被意见的潮流卷走。在第一阶段，爱弥儿要在身体上，在物的层面达到独立状态；通过物的关系来认识自身，实现需要与力量之间的平衡。在道德教育阶段，爱弥儿则要从与他人的关系中来认识自身，在道德和理性层面实现独立。他必须学会透过表面现象的虚华来认识生活的真实，他必须学会区分善恶，必须依赖良心和理性来认识永恒的道德法。爱弥儿的教育并非“孤独者”与“公民”精神的简单叠加，而是要塑造出一种新的生活方式，即卢梭所谓的“社会中的孤独者”或社会中的自然人。在这里，人的社会所指的是最为广泛意义上的人类社会——所涉及的不是一个国家，而是整个人类（同上书，第113页）。

爱弥儿最终成为一个独立的“道德个体”。他要过社会生活，却又拒绝成为社会的奴隶。爱弥儿要去各国游历，克服民族偏见，同时也克服了公民“扶友损敌”的政治情感。爱弥儿最终没有找到真正的“祖国”，没有找到完全合乎公意的法律；却被教导要遵守所居住国家的法律，要寻找由良心写在灵魂深处的“永恒自然法和秩序”。他被教导说，“自由并不建立于任何一种政府形式中，而是在自由人的心中”（Rousseau, Emile, translated by Allan Bloom, Basic Books, 1979, p.40）。

他对政治制度有最低的要求：法律必须要保护并保证他不受个体暴力的侵害，让他能够平静地生活。政治和法律对他来说只具有消极的意义，积极的自由则源自内在的自然。爱弥儿不会成为政治家，会与苏菲结婚并珍惜与自己亲近的人。在家庭中，每个人都保持独立的自由意志，另一个人因此一直都是独立的主体。

道德个体是卢梭向人们展开的第三条道路，也只有这条道路可以通向“脆弱的幸福”，这也是他毫无保留地加以推荐的道路。

四、结语

《脆弱的幸福》并不是一篇富有学究气的论文。托多罗夫将之称为“关于卢梭的随笔”。他的确有意突破过于学院化的著述方式，寻找一种新的阅读体验，使写作、阅读与生活统一起来。因此，他对卢梭的解读是概述式的、结构性的，也是叙述性的。他直陈自己对卢梭文本的理解，穿插引用各部著作中的段落，用洗练的语言勾勒卢梭整个思想体系的结构和线条。他力图用通俗的语言来解释最为重大的哲学问题，尽可能地避免概念化的论述和思辨性的争论。他力图做到条理分明，并认为卢梭文本中呈现出来的矛盾并非源自作者本身，而是三条道路各自的特质使然。由此，卢梭需要不时地以公民的身份言说，以孤独者的身份写作，又不时站在道德个体的立场著述。他只

是在着力呈现三种不同生活的本性而已，并且也为我们推荐了走向幸福的道路。

我们也能够看到，托多罗夫的解读也包含了他自己的特定意图。他在文中一再强调个体与社会的对立，甚至将公民生活称之为“社会主义”，将爱弥儿第一阶段的教育称为“个体教育”等。通过这样的解读，古老的词汇中注入了新的内涵与现实的关怀，卢梭的作品也因此被赋予了新的生命力。

然而，卢梭作品中内在的多重张力也在他的概括性论述中被削弱了。在他对卢梭著作的结构性安置中，卢梭的思想本身也遭到了解构。比如，卢梭在《社会契约论》中提出来的公民理想与斯巴达的公民不尽相同。如果说个体性在古典城邦时代尚未诞生，那么为公意所统治的国家正是要从独立的个体走向政治上的统一。另外，对“公民”知识的学习是爱弥儿必经的教育阶段，这样的公民理想对一个“道德个体”来说意味着什么？托多罗夫均为对这些问题加以足够充分的讨论。

当然，托多罗夫的目的是要让阅读“抓住生活”，而非让阅读抓住政治。他远离了对卢梭传统的政治性解读，而去关注他对更为根本的伦理问题和生活方式的讨论。如何在现代社会追求“脆弱的幸福”？他的作品像一个路标，将现代性的问题与卢梭的文本关联起来，引导读者进入卢梭的思想之门，从而让生活紧紧地抓住卢梭。

何种普遍主义，谁之特殊性？

李文倩

在当代思想境况中，普遍性问题处于相当核心的位置。一个问题能引起普遍关注的基本前提，是这一问题在一个相当重要的层面上，关涉人在这个时代的生存困境。因为关涉基本的生存困境，对这一问题的解释或最终的解决，就显得尤为重要。普遍性问题的提出，一定连带着特殊性的问题。用一个通常的比喻说，普遍性与特殊性的关系，正如一枚硬币的两面，舍弃掉某一方，对方就不可能存在。或者用更哲学的语言说，普遍性与特殊性问题的提出，互以对方的存在为前提。普遍性与特殊性之争，在当代意识形态化的论争中，衍生为普遍主义与特殊主义之争。这一论争在不同的地方，可能有不同的叫法，比如常见的有“绝对主义与相对主义”之争，等等。

问题的提出及现实政治背景

当代中国政治思想中有关普适价值的论争，是典型的意识形态之争。正如许多人所指明的，意识形态之争并非学术之争；一个基本的区别，至少在理想的意义上，学术之争遵从理性，意识形态之争则不然。意识形态之争，表面上是理论之争，实质是权力之争。而且这里的权力，并非是在象征或间接的意义上，在某些情况下，直接呈现为暴力。

在现代性的境遇中，意识形态之争不可避免。因为从某种意义上说，现代人在根本上，依从意识形态而活；或者直接就说，现代人是意识形态化了的动物。笼统说来，在前现代社会，人们更多依从礼俗而活，而非意识形态。

李文倩：四川师范大学文学院博士研究生，四川师范大学文理学院教师。

出于各自不同的经验或理由，对于意识形态之争，人们持不同的态度。一种相当流行的观点认为，介入意识形态之争，相当于不学无术。这有点儿道理。不过，对于意识形态问题的讨论，尽管可能很难做到中立和客观，但以一种比较学术的方式进行讨论，我想也是可能的。

在中国有关普适价值的论争中，一个基本的问题，是当代中国应不应该采用民主制。支持民主制的人认为，民主制尽管是西方文明的产物，但这一制度本身，并不仅仅适用于西方，而具有普遍的适用性。

以普遍主义之名，完全无视中国社会的现实及传统，由此所推行的一系列激进主义政策，在实践领域造成巨大的历史灾难。20 世纪中国政治实践所造成的后果，使人们有理由对任何形式的普遍主义持一种质疑甚至拒绝的态度。不过，即使对普适价值的辩护或反对，在相当深的层面上根植于人们对现实及历史的判断；而我将从哲学的角度出发，对普遍性问题做一初步的梳理和澄清。

普遍主义与特殊主义之争

在西方哲学传统中，一与多的问题，是一个古老而基本的问题。西方哲学的总体趋向是，从多中发现一，在多样的可变性中发现永恒的一。在柏拉图那里，哲学所寻求的“一”，就是理念，超出于“多”之外，而又在根本上规定“多”。亚里士多德哲学中所谓的“一”，并不在世界之外，而是寓于多样性之中；“一”就在这个世界之中，以一种特定的方式与“多”共存。其实，早在前苏格拉底时代的自然哲人那里，他们对世界本源 / 本质问题的探讨，已蕴含着在多样的流变中“把捉”永恒之“一”的基本趋向。

总体而言，这种对于永恒之“一”，对于绝对确定性的追索，就是一种对绝对普遍性的寻求。这是西方哲学的一个基本诉求。倪梁康认为：“我自己坚信的一个道理就是，哲学的基本诉求，或者哲学最主要的特征之一就是对普遍性的追求。哲学的意义和任务之一在于寻找普遍性，但不必落入普遍主义。对普遍性的诉求是哲学的一个命脉。当然哲学还有其他的诉求，比如说形而上学的诉求，比如超验性诉求，确然性或者根据性诉求等等，这些都是哲学之为哲学的一个基本的命脉。”（《普遍性种种》，第 61 页）陈嘉

映也说：“而哲学，至少是西方哲学，所关心的就特别是这种‘没有例外的普遍性’。”（《普遍性种种》，第5页）

我们说哲学寻求绝对的普遍性，这里的“绝对”，就是指无条件。就是说在所有可能的世界中都为真。是否真有这样的普遍性呢，在当代，许多人持怀疑态度。从现实的角度看，有论者指出：“强调特殊性的是文学气质比较强的那种人。”（《普遍性种种》，第65页）普通人不算，哲学家对普遍性问题的看法，似乎也关乎个人气质：“强调普遍性诉求的是科学的哲学家、理性的哲学家，强调哲学特殊性诉求的是文学的哲学家、感性的哲学家。”（《普遍性种种》，第65页）但问题在于，不论具有不同气质的哲学家或普通人怎样强调自己的偏爱，是否有某种东西真就是绝对普遍的？

数学是绝对普遍性的典范。2+2=4，我们可以设想，在任何时间或地点，这一运算都为真。甚至可以说，在所有可能的世界中，$2+2 \neq 4$的情况，都是不可想象的。在早期哲学家关于普遍性的追求中，数学为他们提供足够的动力。传说中柏拉图学园门口的题词，不懂几何者不可入内，正可提供参照。即使像舍斯托夫这样极端的为信仰辩护的哲学家，也并不否认2+2=4为真；而只是说，2+2=4，对一个信仰者的生命而言，是毫无意义的。

数学之外，逻辑和以物理学为典范的近代自然科学，具有相当高的普遍性。关于逻辑，有人从多元文化的角度看待它，但逻辑所具有的高度普遍性，是不可否认的。自然科学所探索的规律，是指普遍规律。弗雷格说：“事实上，规律与个别事实之间的区别是天壤之别。在此基础上形成物理学领域和历史领域中科学活动的根本差别。物理学致力于发现规律，历史要确定个别事实。当然，历史也要从因果关系上理解，为此它必须至少假定存在有规律性。”（《弗雷格哲学论著选辑》，王路译、王炳文校，商务印书馆2006年版，第318页）近代自然科学的成功，是普遍性寻求的一个胜利。也正是这一巨大的成功所带来的乐观情绪，促成了普遍主义的流行。

普遍性存在于相当广泛的领域，尽管普遍性的程度有高有低。在比较常见的方面，有性质、类和关系三种普遍性。颜色词，比如说红色，就是在某种普遍性的意义上使用的。类的观念，也带有普遍性，不用说生物学或其他学中的分类问题，就是日常生活中的男人女人之分，都是如此。但显然这种

普遍性较之数学而言，程度较低。因为我们可以想象，在某个可能的世界中，人的性别并不一定都是两分的，有可能是单性或多性的。关系的普遍性，比如数学中的费氏数列，即可以表达式的形式写出。

在日常生活中，我们依时依地而发的议论，也可能带有某种普遍性。人固有一死，是一个普遍性的命题吗？依常识的眼光看，的确，人都是要死的，这带有普遍性。但这种普遍性跟数学相比，普遍性程度就不高。因为我们至少可以想象，在某一可能世界中，人并不总是有死的。比如在天堂中，人过着神仙般的日子，享受着永恒的极乐，只知有生不知有死。人固有一死，是科学的结论吗？应该不是，因为说这话的古人，在根本上不知科学为何物。那么问题在于，像人固有一死这样的说法，其普遍性从何而来？陈嘉映解释说："人必有一死不是概率极高，而是人、生物、生命、死亡这些事情连在一起，它们构成了一个世界网络，我们通过对世界网络的理解慢慢悟到它是普遍的。"（《普遍性种种》，第 16 页）

以上有关普遍性之种种说法，人们基本上都是认可的，而且大致上属于普遍知识的领域。问题在于，是否因为数学、逻辑或物理学具有普遍性，就理应要求人类生活的所有方面都具有普遍性？在伦理、审美或广义的文化领域，这种普遍性如何达到？普遍主义的主张，是否是可辩护的？普遍价值，在何种意义上是普遍的？

关于普遍主义，俞宣孟指出："普遍主义是一种研究和看待问题的方法，其实质是，把追求普遍知识的方法应用到普遍知识以外的领域。"（《对所谓普遍价值的质疑》，第 7 页）从这一表述看，普遍主义其实是一种意识形态。因为意识形态的基本内涵，就是以一套简单的说辞，解释纷繁复杂的历史和世界。普遍主义的这种特性，在一定程度上决定了它的反面形象。俞宣孟指出："照我理解，普遍主义这个词自产生起就是贬义的，正如科学主义这个词一样。"（《论普遍主义》，《学术月刊》2008 年第 11 期，第 45 页）或许是出于同样的原因，倪梁康说要普遍性，而不要普遍主义。

赵汀阳从思想史的角度着眼，指明普遍主义所具有的特点："罗马的雄心、基督教的框架和启蒙运动以来的主要概念，构成了西方普遍主义的解释框架。Universalism 主要想说，有一种东西叫做普遍价值，有些东西则属于地方价值，而普遍价值高于地方价值。即使对其他地方价值有所承认，也是一种政治正确的姿态。”（《普遍性种种》，第 32 页）从发生学的角度看，普遍主义的确产生于西方。由此所带来的问题是，产生于西方的普遍主义，是否本身就是一种地方价值？如果普遍主义只是一种地方价值，那么它在何种意义上，高于其他地方价值，理由何在？这是否意味着，普遍主义只是一种强势者的说辞？

将任何价值都看作是地方性的，正是特殊主义的逻辑。赵敦华指出：“特殊主义的逻辑是，既然西方文化是特殊的，那么，它所产生的知识和价值也是特殊的，其他文化也是如此。因此，任何知识或价值都没有普适性，而只适用于某一社会、群体或地区。”（《为普遍主义辩护——兼评中国文化特殊主义思潮》，《学术月刊》2007 年第 5 期，第 36 页）特殊主义的这种主张，在反对一种本质化、教条化的普遍主义的同时，将某些地方价值本质化了。这种特殊主义的辩护方式，跟普遍主义的西方中心论辩护，共同分享了一套所谓的“关于本质的发生学教条”。赵敦华对此有比较到位的分析：

> 不论是普遍主义的西方中心论辩护，还是从反驳这一辩护中兴起的特殊主义，都有一个共同的预设，我称之为“关于本质的发生学教条”（genealogical dogma of essence）。西方的本质主义深深地扎根于古希腊的“本原”（arche）思想。“本原”就是事物的起源，同时也是本质。西方哲学对“本质”具有绝对意义的表达是亚里士多德著名的“哲学过去式”：to ti en einai，意思是：一个事物过去所是的东西。如果不理解事物开始时的状态决定了它的本质、事物的起源决定了它的发展全过程的观念，就很难理解那个过去式的词组为什么会被译成“essential”（本质）。即使是反本质主义的哲学家，也接受了这一“发生学的教条”。对后现代主义产生了重要影响的哲学家尼采和福柯，都把自己的学说称为“发生学”（一般译作“谱系学”）。尼采认为道德发生时的原初状态超越了关于善恶的本质规定；福柯则认为，他的谱系学“在事物的历史开端发现的不是作为它们本原的纯粹同一性，而是相异事件的纷争（赵敦华：《为普遍主义辩护——兼评中国文化特殊主义思潮》，《学术月刊》2007 年第 5 期，第 36 页）

这种“关于本质的发生学教条”，在根本上将普遍主义视为一种已然定型的地方价值，而非在对话中生成的开放的普遍主义。

在当代中国语境中，普遍价值的反对者，在事实上就将普遍主义视为一种地方价值。但不同于其他地方价值的是，普遍主义在一定程度上，是进攻性的；而其他诸种地方价值，则在不同程度上处于弱势地位。从这个角度看，特殊主义或曰相对主义，其实是弱势者的“普遍主义”。而在有些国家和地区，特殊主义或曰“特色论”，则不过是强权者为维系一种毫无正当性的统治而编造的借口，或者说是对自身错误政策的不合理的辩护。

针对这样的国家和地区，国际社会进行人权干预的正当性何在？一般而言，诉诸普遍价值，是一个常见的思路。但问题在于，普遍主义是否仅仅就是一套强势者的说辞？在我看来，不是这样的。

以上有关普遍主义（普遍价值）的论争，是在相当一般的层面上展开的。这里所谓“一般”，不过是在说，这种论争是在相当抽象的层面上进行的。如果所有的论争都仅仅停留在这个层面，则根本无助于对问题的深入理解，更不要说解决了。陈嘉映指出：通过高度抽象达到的普遍性是最没用的普遍性。普遍主义问题的复杂性或者说迷人之处在于，它关涉诸多有关我们生存的切身问题，甚至在道理的层面上，决定我们何去何从。有关普遍主义的激烈争论，主要集中在道德、审美和政治领域。

在传统的西方哲学中，普遍性诉求体现在道德领域，即对普遍性道德知识的寻求。关于传统的道德普遍论，理查德·罗蒂有一个简明的勾画：“传统的道德普遍论把对科学的或形而上学的‘什么？’问题的回答与对政治的‘谁？’问题的回答混为一谈。普遍论预设，全人类共有品质的发现足以说明全人类为什么（而且或许是如何）应该将自己组成一个世界。它为全球政治提出了一个科学或形而上学的基础。按照宗教断定的模式，亦即人类是按照上帝的形象造就的，哲学普遍论断言，共同品质的存在证明了一个共同的目的。普遍论认为，理想的人类共同体的形式可以参照一种普遍的人性来确定。”（《我们是谁？——道德普遍论与经济优先分配》，萧俊明译，《第欧根尼》1997 年第 1 期，第 5 页）

理查德·罗蒂所勾勒的传统的道德普遍论，在我们这个后形而上学的时代，的确很难得到足够有力的辩护。而且事实上这种以科学 / 形而上学的方式求解道德问题的思路，在我看来，在根本上是行不通的。道德问题关涉活人，因此我们无法将其充分对象化，并由此而形成一门道德科学。不过理查德 · 罗蒂在这个问题上，在我看来在相反的方向上走得远了点儿，他表明自己的主张：“说各种道德原则没有固有本质，那就是暗示了它们没有独特的来源。它们出现自我们同我们周遭事物的各种遭遇中，就像各种有关行星运动的假设、礼节规范、史诗和其他所有语言行为模式的出现一样。同上述其他出现物一样，只要它们带来诸种好的结果，它们就是好的，而不是因为他们同宇宙或人的智慧有某种特殊关系。”（《困于康德和杜威之间——道德哲学的当前状况》，《开放时代》2004 年第 5 期，第 157 页）

简单说来，理查德 · 罗蒂所谓新实用主义的思路，有相当可取之处，不过在许多情况下，我们很难将其主张与特殊主义区分开来。一种道德主张如果过弱，则可能意味着没有标准。在这个问题上，我比较认可翟振明对理查德 · 罗蒂的批评。翟振明所提出的“交互超越主义哲学”，较之罗蒂的新实用主义，可能是一个更优的方案：“交互超越主义哲学，就是在找到两个或两个以上的可言说对象以后，从其中一个的视角审视另一个，然后再反过来，发现过程的互为可逆性和逻辑对等性，从而挖掘出此种对等可逆性的前提条件，达到对言说对象之超越；如果这种超越达到了先验层面，在其逻辑极限处被最后表述的，就是哲学家们一直在寻找的作为理解一切的出发点的第一原则。”（《直面罗蒂：交互超越主义与新实用主义的交锋》，《开放时代》2005 年第 3 期，第 60 页）之所以说翟振明的方案可能更优，主要是其方案在没有预设任何形而上学前提的情况下，最大限度地考虑了对话者各方的情况，但又不陷入可能的主观任意性。

简单梳理一下，首先是在数学、逻辑和物理学等领域，高度的普遍性是其明显的特点。而且即使在日常言谈中，也多少预设了程度不等的普遍性。不过在道德、审美等领域，一种本质主义普遍性的实现，在根本上都存在着困难。但这并不表明，这些领域的问题，在根本上就是一种无政府主义式的“怎么都行”。因为在事实上，在道德、审美领域，亦有一种弱的普遍性存在。在当代中国有关普遍主义与特殊主义的争论中，双方在一些根本的问题上，

都有所误解。讨论抽象的普遍性是没有意义的，对普遍性问题的讨论，必然连带着对诸多具体问题的思考。

哲学的归哲学，政治的归政治

普遍主义与特殊主义之争，在传统哲学中就是一和多的问题。普遍主义是一，特殊主义是多，这是不言自明的道理。一是真理，多则只是意见。一是秩序、和谐，是美，多则是无序、杂多，是丑。美的就是善的，丑的就是恶的。诸如这样一些对立的范畴，构成了人们看待世界的基础框架。

正如前面内容所显示的，政治领域中关于普遍主义的看法，意见不一，甚至存在严重的对立和冲突。现代政治理论一般都持政治多元论立场，对政治一元论则比较警惕。主要原因在于，政治一元论固然常常宣称其权力的基础建立在对某种至高价值的追求之上，而且在某些情况下也的确可能给政治共同体带来某些福利；但政治一元论所可能造成的危害，较之政治多元论而言，往往更为巨大，有时甚至是致命的。这就好比对一个人来说，感冒肯定让人不太舒服，但一年半载偶尔感冒一下，也并不要命；政治多元论因为有多元力量的制衡，与此有相似之处。在政治领域，最小伤害原则，一般比最大幸福原则更为切实。

政治多元论意味着对形而上学和神学一元论的抛弃，这招致激烈批评。吴冠军指出："没有上帝，没有形而上学，政治秩序的根基在哪里？靠尼采所说的一群herd（人群、牧群），怎么能有根深蒂固的政治秩序出来？"（《政治哲学的根本问题》，《开放时代》2011年第2期，第133页）我想这种指责本身，的确过于西方中心论了。

一些学者认为，正是现代政治对多元论的承诺甚至纵容，直接导致了虚无主义。而普遍的虚无主义，是极权主义乘虚而入的基本前提。如此一来，政治多元论成为极权主义兴起的罪魁祸首，理应得到彻底的清算。在西方国家占据主流地位的自由主义，被视为在一定程度上等同于虚无主义。而虚无主义是绝对不可接受的。由此，自由主义的批评者推崇一种厚实的绝对主义，以此为虚浮的现代世界奠基。有必要指出的是，反自由主义者所推崇的带有古代目的论色彩的绝对主义，与前面我们所讨论的现代语境中的普遍主义（普遍价值），有着相当大的差异。

如何在理论上回应上述问题，是相当困难的一件事。一种可能的思路，是在承诺某种普遍性的同时，坚持价值多元论。不过这里对普遍性的承诺，是在相当形式化的意义上。一种基于多元价值论的交互性的普遍主义，即一种有待生成的普遍主义，同时也是一种开放的普遍主义。在与此相关的问题上，钱永祥指出："……自由主义并不是仅仅坚持价值多元论，它更坚持人们要为自己的选择结果与其间的是非善恶高下之评价，相互提供理由。自由主义若是单纯强调'价值多元'，忽视'理由'这个面向，那就是误解了自己的面貌，放弃了自主性的要求。"他同时批评施特劳斯说："政治哲学完全不需要像施特劳斯一样，在相对主义、虚无主义与绝对主义、客观主义这两个极端之间作非此即彼的抉择。相反，政治哲学是可以同时认定多元论与普遍论的。"（《多元论与美好生活：试探施特劳斯政治哲学的两项误解》，爱思想：http://www.aisixiang.com/data/54792.html，2012-6-26）

自由主义对价值多元论的坚持，基于这样一个显而易见的事实，即现代社会的多元性处境。对这一处境的正视，绝不是对各种价值观毫无原则的放任和纵容，而是在尽力维系一种相对的平衡，以避免大规模的屠杀和暴力。在价值观多元的社会中，宽容被视为一种美德。陈嘉映指出："我们讲多元价值社会或价值多元社会，指的是这样一种东西：就是我们要求或者被要求能够对整个不同的价值系统本身取一个容忍开放的态度。如果不嫌繁赘，也可以把它说成价值体系多元的社会。"（《普遍性种种》，第157页）在这样一个社会中，对于普遍性的寻求，不过是寻求一种沟通和交流的可能，正如陈嘉映所指明的："如果说社会伦理中这种普遍性非常重要的话，那么我始终是把这种普遍性理解为一种沟通的可能，敞开的沟通的可能，敞开一种有效的争论的可能。"（《普遍性种种》，第161页）

这种基于交互沟通的开放的普遍主义，无须设定某种基于特定形而上学或神学的普遍性，理查德·罗蒂说："即使不接受普遍有效性的前景的诱惑，我们也能够设法获得主体间的一致意见，而且，即使不把各种新的、惊人的观念归因于某种具有特权的创始者，我们也仍然能够推出这些观念。"（《普遍主义的崇高，浪漫主义的深度，实用主义的狡诈》，艾彦译，《第欧根尼》

2005 年第 1 期，第 13 页）如此一来，为政治哲学寻求某种形而上学的阐明，则不过是一项不必要的重负。

以上有关政治领域中普遍论的探讨，主要是在理论层面上进行的。在政治实践领域，理查德·罗蒂有一个观察，他对此说："而普遍主义者则天生就是某种改革者、是力图通过把这种玩具的更多的散片结合起来而使事物得到改善的人，浪漫主义者则天生就是革命者、是力图把这种玩具彻底从桌子上消除掉的人。"（《普遍主义的崇高，浪漫主义的深度，实用主义的狡诈》，艾彦译，《第欧根尼》2005 年第 1 期，第 12 页）我大致同意这一点。

一种交互沟通的开放的普遍主义之实现，是以一种相互对话、相互学习的可能为前提的。而所谓的对话或学习的可能，从语言层面来考虑，即翻译的可能性问题。在有关翻译的问题上，奎因提出翻译的不确定性论题，似乎意味着一种彻底的翻译是不可能的。奎因指出："翻译的不确定性所表明的是：命题是句子意义这种观念是站不住脚的。整体科学的经验的欠缺定性所表明的是：为如何看待世界，有各种不同的辩护方式。"（《真之追求》，王路译，北京三联书店 1999 年版，第 90 页）"为如何看待世界，有各种不同的辩护方式"，这实质上也就意味着，人们有多种看待世界的方式；语言与人们看待世界的方式交织在一起，由此说来，在多种语言之间，具有不可通约性。这样的话，翻译肯定是不确定的。

在我看来，奎因有关翻译之不确定性的论断，只是作为一个旁观者的说法。具体到实践领域，即使不存在一一对应式的彻底翻译，翻译仍是可能的。正如陈嘉映所指出的："翻译就是要从那些不共同的东西之中去创建共同的东西。"（《普遍性种种》，第 176 页）由此，从实践的观点看，翻译是指向未来的。这种实践意义上的翻译，在根本上就无须一种普遍性的语言。

在本文的结尾处，让我们回到一个现实的政治问题，即中国是否需要采用民主制。在我个人看来，无论是支持还是反对，我们都是基于种种现实的条件而做出的判断，而跟民主制是否是一种普遍价值在根本上无甚关联。由此引申出来的一个观点是，哲学与政治之间，无须相互援引对方来证成某种观点或主张；让哲学的归哲学，政治的归政治，这就是我的初步结论。

乡愁与社会学

肖　瑛

“乡愁是一枚小小的邮票，母亲在这头，我在那头。”这是余光中先生《乡愁》中著名的诗句。然而，余先生的“乡愁”，只是浩浩汤汤之思乡流中的一朵小小的浪花。若稍微细致点端详，就会发现，“乡愁”其实与“爱情”或并置或交织着构成人类亘古不变的咏叹主题。

所谓“乡愁”，核心概念是“乡”，“乡”即“土地”。显然，这里的“土地”不仅仅是洛克所谓的私有财产，更是其能引致的社会存在，指涉的是土地的坚实给个人带来的确定感。不啻如此，乡土所确立的确定感不仅是个人的，而且是人际的，后者既是个人确定感的动因又是其结果。说其是动因，是因为人际的确定感为个人以及人际交流提供稳定和明确的意义系统，即埃里克森所谓的“本体性安全”（ontological security）；说其是结果，是因为人正是在乡土中寻找“本体性安全”的努力塑造和再造了它。一言以蔽之，“乡”所表达的是人的扎根感和确定感。因此，“乡”，用牟宗三先生的话说，就是“生命”，即安身立命的意义体系。“愁”作为动词，当然是“思”的意思，是对“乡”的思念，思念又有“怀旧”的味道，但“怀旧”显然不简单的是对“旧”的怀和思，而是“怀而不得”的怅惘，这其间的紧张，构成“乡愁”的本质。换言之，“乡愁”是“思乡”却又无法“还乡”的结果，是“怀旧”又无能“复旧”的表现。牟宗三先生说，“叫我写‘怀乡’，我是无从写起的”。“我爱山东，我也讨厌现时的山东。我爱中国，我也讨厌现时的中国。我爱人类，我也讨厌现时的人类。”后来的余英时先生也类似地说，我没有故乡。

肖瑛：上海大学社会学院教授。

牟先生和余先生的这种无“乡愁”感，本身就是乡愁，是最浓郁最紧张最不可舒缓的“乡愁”。这种乡愁，就是孔子终其一生“从周”但迟暮时刻却蓦然发觉“久矣吾不复梦见周公”的不可言说的焦虑感、紧张感和失落感。

说起“乡愁”，很多中国的社会学者首先会想到费孝通先生在论述中国社会的乡土性时举的自己亲历的一个例子：他负笈英伦之前，他的奶妈从灶台上取一掊土，用红纸细致地包着压在他的箱子底层，嘱咐他水土不服或思念家乡时用这些土煮汤喝即可。费孝通先生还发现，波兰也有这样的习俗。这是社会学家的文字中少有的把自身同“乡愁”直接交集的场景。

把牟先生的处于“生命的学问”位置上的“乡愁”与社会学和社会理论勾连起来，不由得让人想起托克维尔的《民主在美国》一书虽然承认民主潮流的不可逆，但又不无担忧地说：“无数的相同而平等的人，整天为追逐他们心中所想的小小的庸俗享乐而奔波。他们每个人都离群索居，对他人的命运漠不关心。在他们看来，他们的子女和亲属就是整个人类。至于其他同类，即使站在他们的身旁，他们也不屑一顾。他们虽与这些人接触，但并不以为这些人存在。每个人都独自生存，并且只是为了自己而生存。如果说他们还有一个家庭，那么他们至少不再有祖国了。”“我举目环顾一下这伙既无超群者又无落后者的在许多方面都一样的众生，真为这种普遍划一的情景感到悲怆和心寒并为这里已不复有社会而遗憾。”这段文字里充斥的是托克维尔这位“怀有感伤情绪的贵族”（拉斯基语）对已逝去的时代的满腹的乡愁和怅惘，是对现存社会制度下的某些“民情”（mores）缺失的敏感和担忧。在我看来，托克维尔的“乡愁”堪与牟先生的没有乡愁的“乡愁”比肩。这样层面上的“乡愁”，构成早期社会学家思想和情感上最为深刻的张力。面对巴黎城市的个人孤立和冷漠，面对人们于物质于肉体欢愉的无条件拥抱和肆无忌惮的追求，涂尔干的“乡愁”是他童年生活的犹太社区，是中世纪城市人的情感、利益和信仰的共同体行会；面对民主化浪潮席卷而来的个人的平面化和心智的普遍不成熟，韦伯的“乡愁”是普鲁士人的贵族社会，面对金钱从轻飘飘似随时可以卸下的斗篷摇身一变为难以挣脱的铁笼，他的“乡愁”是早期基督教新教教徒的执着和苦行……总之，所谓的“乡”，在现代性早期的思想家那里，就是滕尼斯所说的“共同体”（community）。只不过“共同体”仅是一个总体的概念，在不同社会理论家和社会学家的笔端，它会具象化为不同的形态，如中世纪的行会，如古希腊的“城邦”，如初民社会的库拉圈，如中世纪欧洲的土地贵族，不一而足。这里的“共同体”，不简单的是熟人的居住区，更重要的是人际交往所不断生产和再生产的、为所有人虽所习而不察但起着支撑共同信念和同情作用的“集体良知”。所谓的“愁”，正是“原”这些“乡”而不得的“愁”。

社会学家和社会理论家对乡愁的表达，往往集中体现在对 nature 之多元内涵的伸张上。滕尼斯笔下的共同体，不就是他所要伸张的“natural will”的载体吗？ nature 既可以表达为“自然”，又可以表达为“本性”。“本性”是一个哲学概念，在这个层面上，nature 表达的是构成人或某物甚至整个宇宙的基本粒子或者品性，它是不可再分的（individual），它是人、某物或者宇宙的原点，一切杂多都可以还原为它，是理解人或者某物或者整个宇宙的出发点。一言以蔽之，本性是永恒的，不可移易也不可改变，是确定性的确定性。在这个意义上，人进一步生产出 natural law 的概念，用以表达人类应该无条件地尊重并遵守的根本规则。

除了上述形而上学的意涵，nature 在我们的日常生活中有着至关重要的地位。在日常生活中，nature 所指涉的，一方面是虽然由人构成，但并非人的理性有意识地整体干涉和设计的历史或者状态，所以前历史的人的群体生活状态被称为“自然状态”，马克思称资本主义社会之前的人类历史为“自然史”。与此相关的另一方面是我们所能感受到的真真切切的自然之物，即非人为建构的，与人的精神和智力世界形成对立的世界，如土地以及附着其上的一切物产、身体及其所释放的劳动力，等等。这些自然之物为人提供了满足其衣食住行和繁殖等基本生存需求的物资来源，所以马克思说土地是财富之母。人与自然的关系，反映为自然与自然的关系，二者之间是一个闭合的循环。也就是说，作为自然的身体通过自然的劳动从自然界中获取满足自身之自然需要的物资，这些物资在被身体消费后一方面转换为进一步作用于自然界的劳动力，另一方面作为自然的代谢物补充到自然界中去。这种关系，本质上是自然的关系。

但人从自然获取生活必需资料的过程，又不仅仅是一个纯粹的自然界的

简单再生产过程，而是一个人的认同、价值以及社会的再生产过程。具体言之，第一，是人建立自身同土地以及附着于土地之上的各种自然介质的依恋乃至价值关系的过程。对土地及其介质日复一日的劳动施加建立起人对土地的生理、生活和价值上的依赖，土地给予人以确定感，人甚至把自己的感情和信仰注入特定土地之中，各种自然宗教之涌现和持久存续，就是其明证。换言之，土地与人之间建立了一种相互信任和依赖的关系。人与自然的关系，虽然并非完全理想化的、温情脉脉的关系，其间由于自然灾害、基于等级制所形成的人性压迫关系一样也不会少，但由于由此确立了人的生命来源以及意义来源，故对人而言具有了本质性的意义。

第二，人同土地的关系的建立和巩固过程也是人与人建构互动和依赖关系的过程，是个人的社会性的建构过程。马克思说得很清楚，社会关系首先是劳动关系，是以对土地的劳动施加为中介的。人在劳动中走向了联合，并为维持有效的劳动关系而建立了各种秩序，包括基于血缘的秩序，或者如孟子所言“或劳心，或劳力”的分工秩序，或者如犹太教的宗教和血缘秩序之结合。所有类型的秩序之建构，等于对人际关系做了分类和固定，从而同个体与生俱来的本体性安全的渴望相契合，建立起个体对他人对社会的稳定性预期和惯例性应对模式，从而确立人对人的信任关系。由此可见，社会关系的生成和再生产，不仅是劳动的需要，更重要的是人的价值和认同的建构过程，人在同他人的互动中建立了赖以超越孤独、停靠心灵的稳定的社会。这个过程，可以被理解为人的本体性安全得以确立和不断巩固的过程，也是波兰尼意义上的“自由”建立的过程。由此可见，当阿伦特认为，相对于工作和行动，劳动是最无意义的、最不稳定的、最为低级的活动时，她显然轻视了劳动所包含的深刻和广泛的社会建构和文化建构能力。由此我们也可以理解，为什么安土重迁会构成过去社会中人们的基本诉求。

但是，随着商业化的推展、工业化的普遍化、个人主义的彰显，人的理性与作为自然的身体、自然分离开来，“自然”不得不开始走在自行消解的不归路上。在资本主义推动之下，用马克思和恩格斯的话说：“一切固定的僵化的关系以及与之相适应的素被尊崇的观念和见解都被消除了，一切新形成的关系等不到固定下来就陈旧了。一切等级的和固定的东西都烟消云散了，一切神圣的东西都被亵渎了。”市场经济让一切自然的东西都变成了可以交换和流通的商品。人与自然的关系完全颠倒过来，人不再全方位地依附于自然的怀抱之中，相反，人试图以自己不断膨胀的理性来征服自然，让自然完全臣服于人的需要，人对自然的关系变成片面和局部的关系；自然与身体的结合体，不再固着于自然与身体之间的自然而然的循环，而是进入市场，从没有异化的使用价值为本蜕变为以利润实现机制为本；劳动产品与自然之间的关联，不再遵循古老的生物学机制，而是蜕变为化学机制，劳动产品成为自然的反动而非对自然的再回归，换言之，自然的自然让位于贝克所谓的“人造的自然”；同样，建立与自然之上的意志和关系也开始松动，人在流动中体验新的快感，但蓦然回首中却再也找不到“家”，始终在陌生中穿行，不断地制造着陌生，再也找不到习惯的生活方式和本土性安全；自然是等级的，就像自然的血缘关系一样，等级带来人与人的差异，在价值上、观念上、知识上、礼貌上等等，但民主这样一个非自然的力量在个人主义的裹挟之下呼啸而来，就如托克维尔以及韦伯所哀叹的，贵族和贵族的精神消逝了，人变成千人一面，消失在芸芸众生中而不可辨别。总而言之，就如波兰尼所说，自由的市场经济隔断了人与自然之间天然的脐带，锻造的不是新的自由而恰恰是新的不自由，是自由的悖论。

自然在消逝，但人对本体性安全的诉求却因与生俱来而不会随之消逝。这样，就产生了消逝的自然与不可消逝的本体性安全诉求之间的紧张，乡愁由此而产生并延续。

但是，如果我们把早期社会理论家和社会学家的“乡愁”简单地理解为一种怀旧，一种从自己所处的时代抽身而去重入某个已然逝去的“乡”，那不啻是对这些思想家们的“乡愁”的最大的误解。“真正的保守就是切实而落于实践的创新。”（牟宗三语）在他们的语境中，“乡”不再是太史公说的“贵贱有等，长少有差，贫富轻重皆有称也”，而是在这样的乡土生活中所“位育”出的自由精神和“集体良知”。正是这样一类“乡愁”构成了他们看待所处的现代社会的基本背景色调，从而在他们的思想中生产出一对对不可消解的张力：如何在个人主义背景下保守社会的至高意义，如何在民主化背景下保留彰显人的差异性和自由的空间，如何把信念伦理与责任伦理结

合起来，如何为科学确定边界为信仰留有余地……

这正是社会学家的使命，它不同于某些文学评论家的“上帝死了，爱情死了，我们该怎么办”的言不由衷的空悲切，不同于某些学科或者简单地主张绝对的制度创新或者故作高深地要求回到基于各种由习俗构成的本土性，而是立于不可逆转的现代性和虽已逝去但依然可以作为我们“明明德”之支撑的“乡”之间，重建现代性的种种理念型，诊断现代社会的种种弊病，为现代社会之变革提供镜鉴。这一点不仅在托克维尔关于民主与自由关系的展望中，在涂尔干关于道德个人主义的论述中、在韦伯在关于现代民主政治的分析中得到明确的表述，也可以从当今的社会学家和社会理论家如泰勒关于现代性、贝拉关于个人主义与社群主义的关联的论述的字里行间得到清晰的呈现。明乎此，我们就不再会把个人主义与社群主义、工具理性与价值理性、责任伦理与信念伦理做简单的对立，不再会把共同体理解为个人自我实现的手段或者反其道而行之，而是会一方面坚守康德的“人是目的”，另一方面脚踏实地地去找寻通往这一终极目的的各种可能的路径，同时又不会天真地以为只有自己所走的道路才是唯一正确的；明乎此，我们才不会让作为社会学者的自己和作为日常生活者的自己“丧失灵魂”；明乎此，社会学者才不会像鸵鸟一样躲在“已死的先辈们的传统”中，做除了走回头路外对其他可能性一无所知或者故意视而不见的极端保守主义者，而是在过去与未来的张力中谋求社会学的新生。

末了，有人也许会问，到底有没有那种实实在在的、完美无缺的、可以安身立命的“乡”？这个问题没有确切的答案。但是，若说没有，似乎与学者大儒们言之凿凿的肯定回答相悖；若说有，似乎又无坚实的经验证据。那么我们不妨这样回答：乡愁，作为一种情感的以及思想的活动，本身就构成生命的本体性意义。

米兰·昆德拉的可能性之树

李红兵

阿拉贡说，我们一生的生活都是瞩目于未来的。约翰·亚当斯认为，我们在一生的大部分时间里一直在追求幻觉。为什么我们会把生命寄予未来与幻觉？米兰·昆德拉认为，它们能给人带来存在的无限可能，他用“可能性之树”来隐喻人类的这种存在状态。

在《身份》中，昆德拉第一次提出他的“可能性之树”。可能性之树，是每一个年轻人站在人生路口时所想象的生活图景，那是一棵茂密的树，上面长满无数的枝丫，充斥着无限的可能，激起无限的遐想。但这种关于生活的看法只会持续很短的时间，随后，生活就像一条一次性强加而来的道路，幽深得如同隧道，无从走出去。但树的意象会时时伴随着他们，成为一种抹不掉、洗不去的怀旧。

昆德拉用那棵树喻示生命的多种可能，而用那条强加而来的路喻示生活中的确定性。人的生存状态就是在那条幽深的隧道这一确定性中，关于可能性之树的想象。但昆德拉的野心并不止于此，他还揭示了带有枯燥和安全的确定性之中也蕴含着无限的可能，而无限的可能又会归结于一种确定。人们有时为了保护这种确定性，却将生活导向了另一种可能；而有时，一味地追逐无限的可能，却发现所追索的只是另一种确定。

让·马克和尚塔尔就代表着这两类人或者人们所处的两种境遇。让·马克深爱着尚塔尔，他从对尚塔尔的唯一的爱中获得自身的确定性与安全感，也从她那里感受着世界。让·马克了解和认识尚塔尔的过程，也是他了解和

李红兵：北京大学社会学系博士研究生。

认识整个世界的过程，在纯洁性和唯一性中，他获得了自我身份的认定。但是，他又对这种确定性深表忧虑，他害怕所爱的尚塔尔会在哪一天突然消失，害怕熟悉的尚塔尔会变成另外一个完全陌生的女人。他的忧虑不仅是对尚塔尔的，也是对生活中所有不确定性的。

记忆和友情是关于过去的，也是关于自我身份的见证。为了保持记忆常新，不失去自我，人们需要朋友，他们就像一面镜子，可以照出过去真实的自己。让·马克通过观察，发现人可分为两类：一类是当你处于危难之中的时候，他们会加入到迫害你的阵营；一类是在你遭受迫害的时候，他们会保持沉默和中立，没有人再会奋不顾身地为你而冲锋陷阵了。而后一类人就是现代意义上的朋友，朋友不再是并肩作战的同盟，而是变成了一种契约，一种温文尔雅、富有礼貌的契约，一种有着共同利益关系的契约。

当不存在共同利益时，朋友就会成为某一事件的旁观者，即使这一事件本身与真相并不相符，他们也不会站出来为真相辩护。让·马克把朋友的这种行为称之为背叛，背叛就是对过去确定性与真实性的否定。K是让·马克的老朋友，从中学时他们就共享着彼此的记忆。但是一次公司开会，让·马克不在场的时候，同事们对他发起了进攻，最后让他丢掉了那个职位。而K当时就在现场，自始至终一言不发。让·马克感觉受到了伤害，一种朋友的背叛所带来的难以原谅的伤害，也是一种对记忆、历史和确定性的致命伤害。后来，让·马克决定放弃这份友谊，不再见他，这是为了维护自己确定的生活和身份所作的努力。在他看来，任何背叛都会使生活导向另一种可能。他不需要可能，他只需要确定。因此，在他做出这一决定时，马上感到一阵轻松。

让·马克清除了这一基于社会关系的背叛所带来的不确定性。但他发现尚塔尔所具有的两副不同的面孔时，常常感到不安。在私人空间，尚塔尔是确定的，有着一副柔情蜜意和母性的面孔；但在公共空间，她却变成了一个他所不熟悉的人，有着另一幅严肃、冷漠、刻板，但又富有生机和魄力的面孔；甚至在工作中，她的面孔也不是确定的。有时候，她代表公司的身份要求聘用的职员具有能力并适合岗位；有时候，她又代表个人身份，从性情和情感着眼，推荐令她有好感的人。让·马克对尚塔尔的这种存在着的多副面孔感到忧虑和恐惧，他害怕她会被另一种生活卷走，害怕他再也认不出她来。

很快，让·马克的担忧得到了证实。尚塔尔忧郁地对他说，男人们都不再看她了。他对尚塔尔的话非常不解，并感到震惊和恐慌。但为了他所爱的尚塔尔能够快乐，他还是愿意做一次冒险，他匿名给尚塔尔写信，夸奖她的美丽，想让她恢复信心，找回欢乐。但在他准备保护他的幸福和爱情，决定把尚塔尔拉回自己的生活，切断她关于男人们的幻想，向她证明他才是唯一最爱她的人时，他的行动却又蕴含着一种丰富性与可能性。与其说他给尚塔尔写的一封封匿名信，是为了安慰她，爱她，不如说他正在打开尚塔尔心中那个蕴含着无限可能的玫瑰梦。

在尚塔尔十六七岁的时候，她有着一个关于玫瑰的梦想，她想成为一种玫瑰香，一种四处扩散的香味，四处去征服，去穿透男人，并通过男人去拥抱整个世界，这是一个少女对未来的浪漫许诺，也是对可能之旅的向往。尚塔尔的玫瑰梦是昆德拉“可能性之树”的一种变体，也是一种隐喻，四处扩散的香味既意味着泛滥无际的爱，也意味着存在的多种可能。但是宁静而幸福的婚姻使她的玫瑰梦沉沉地睡去，也使她的可能性之树消散。

但在尚塔尔心里，却一直珍藏着她的那个玫瑰香，在向往着另一种可能。为了赚到更多的钱，尚塔尔离开了原有的教师职位，选择了可以有着更好收入的广告业；为了建构自己的身份，她需要一个男人，一个活生生地能够代表其生活的男人，于是，她接受了让·马克的邀请；甚至，她将 5 岁的儿子的死，也看作是导致幸福的另一种可能。

但荒谬的是，在她获得了一种广告工作与让·马克带来的生活可能的同时，她却又陷入了另一种确定性之中。一旦与让·马克结合，她便从无限可能之中变成确定的了，用她自己的话说，爱情的目光把她从人群中拉出来，她再也没有可以选择的了。爱情的目光是她的身份成为唯一身份的目光，是两人相守幸福而悲伤的目光，是一种预示着没有任何可能一直延伸到死亡和终结的目光，也是被众多男人遗弃的目光。这种目光让她想起餐馆里那一对沉默不语的男女，因为他们的生活是早已设计好的，明确无误的，可以预测的，因而也是无话可说的。但他们不是因为不爱而无话可说，而是因为太爱了，太知道对方爱自己了，这是一种牢不可破的确定性，他们在对方身上实现了自己，但同时也失去了自己。他们最后成了无话可说，甚至无事可做的终身

伴侣，他们在存在的确定性里就是让时间在他们面前过去，没有来自他们的任何努力。他们相对于对方都是一种“绝对在场”，但却又是一种“不在场”。

尚塔尔为了不被这种确定性所窒息和毁灭，她成了工作中的叛徒，也成了自己的叛徒。在工作中，她成为一位“通敌者”，她既服务于一种令人厌恶的权力，却又不去理会他们的本性如何；她既为他们努力工作，却在下班之后与他们互不相干。在爱情里，她既渴望那种相守到老的确定性，又排斥让·马克极力想把她从应有的生活中拉回来的努力；她既享受那种在爱人的怀抱里宁静而幸福的感受，又竭力想摆脱这种束缚，想成为各种可能的随波逐流的城堡。因此，当她收到那些匿名信时，她没有撕毁，也没有告诉让·马克，她想独自倾听那棵“可能性之树”的低语，她要独自享受那种四处飘荡的玫瑰香味。

昆德拉在此已经做好了充分的铺垫，他要通过让·马克的匿名信将人类所处的尴尬的存在状态与内在的深刻矛盾展现出来，也将诸多的张力和冲突集中起来，并在其中混杂着误解、期望、焦虑、断裂、伪装等等人类可能具有的情感。

随着写信、盼信以及对待信件的不同态度，让·马克和尚塔尔早已确定的情侣身份开始变得模糊可疑起来，他们在这奇妙而又无聊的游戏中，突然完全失去了现实感与自我，他们都变成了他们为自己和对方所设计的表演者和旁观者，既充满着好奇和兴奋，也变得忧心忡忡。他们不知道在这未知和不确定性里，他们将走向何方，他们对未来毫无把握，也无信心。而这之前，一切又都是那样的确定无疑。

在这场游戏中，尚塔尔对可能性的向往，混淆或扰乱了让·马克对她身份的确认和判断，并对他们曾经共同拥有的生活产生怀疑，这也是对现实的忠诚和确定性的怀疑。在让·马克看来，尚塔尔隐藏在胸罩里的信，就是她对现实和他自己的背叛。如果忠诚，她把一个陌生人（尽管那个陌生人就是他本人）的信隐藏起来意味着什么？如果忠诚，她听从陌生人的劝告穿着大红的睡袍又意味着什么？尚塔尔对他们共同拥有的情侣身份的脱离，使让·马克对存在产生忧虑，这个存在不仅是尚塔尔的存在，也是他自己的存在。

在让·马克对尚塔尔的“背叛”焦虑不安的同时，尚塔尔也被让·马克的虚伪和不信任所激怒。从笔迹上，尚塔尔最后还是认出了写信的人是谁，他为什么要写这些匿名信？在尚塔尔眼里，这是让·马克所设的圈套，是想找到自己背叛的证据。此时，让·马克的身份和存在也变得可疑起来，他不再是那个充满柔情蜜意、可以把一生的幸福放在他手心里的害羞的大男孩，而是一个富有心计、冷酷的阴谋家、监视者、间谍。至此，两个人的身份与确定的现实在对方眼里都发生了错位。

这是让·马克基于爱情的安慰和试探，也是一种基于可能性与确定性的试探。之前，尚塔尔从未对他隐瞒什么，只要他愿意，她可以如实回答以前所发生的一切，包括那个玫瑰梦，也包括她所产生的男人们不再看她的忧郁。但是在一封信面前，她却表现出了一种令人无法想象的反应，也正是这种没有预料的可能击碎了让·马克现实中的确定性。她不再是他眼里那个确定的女人了，在这个纷乱的世界，她也不再是他存在的支点。尚塔尔成为失去实质的幻影，一个无法被确认和证明的幻影。并且，无法确认和证明的不仅是尚塔尔，也是让·马克自己本人。失去了尚塔尔，让·马克自己的身份也无法确认、无法证明；对于尚塔尔，也是一样。突然间，一切都处于虚无和漂浮状态，存在成为幻影。他们彼此陷入了对方的圈套和自己的圈套中。

昆德拉并未就此停止，他还拷问着存在的唯一性与人性的多变性。尚塔尔一直拒绝再要一个孩子，是想把他留在生命里，作为唯一的，也是良心和道德的证明。因此，即使离婚，她也不让另一个孩子来替代死去的儿子的位置。但荒谬的是，当她和让·马克在露天阳台上时，却不断地想起那个死去的孩子，但不是由于难过和思念，而是一种异样的幸福，或者说是一种可耻的幸福：正是儿子的死，使确定的婚姻发生了变化，也使她可以看得见的未来发生了转机，它让她遇到让·马克成为一种必然，儿子的死使他们的出现成为绝对。儿子的死竟导致了自己的幸福，多么不可思议的情感！但这确实发生着，是儿子的死，让她获得了自由，追求独立幸福生活的自由。没有儿子的牵连，她就可以大胆地去追寻那四处飘荡着的玫瑰香了。重生和幸福有时又基于死亡的土壤，痛不欲生的儿子的死却导致了幸福生活的可能。

同时，存在又是被不断割裂和遗忘，也是不断被审视和质疑的。小说中反复出现的梦境是昆德拉用来对现实确定性进行撞击的手段。一方面梦境会

把人的隐私呈现出来，那些隐藏在人的内心世界，隐而不发的秘密，在梦境里，得到肆无忌惮的表达。所有的忠诚、贞洁、许诺都被质疑，而荒谬的、邪恶的、淫荡的欲望却自然流淌；另一方面，梦境又削平了过去、现在与未来的沟壑，审判着人的遗忘，谴责着人的自足，颠覆着道德审美，它把人抛入矛盾、自责、反思与质疑之中，也让人的自我身份发生断裂。梦境犹如疾病，它刺痛着人们麻木不仁的过去和现在，让跨越时间的诸多事件呈现在一个夜晚，这些事件曾被日常生活严重压抑或者彻底遗忘，如今却惊心动魄地浮出水面，使不可能成为一种可能。

人们一方面坚持着唯一与忠诚，在必然性里确认着存在的意义与道德身份；另一方面又觊觎着那棵散发着迷人气息的“可能性之树”。人们的生存状态可能就是在这种确定和可能之间徘徊，而它们的边界又是如此的模糊。

让·马克的第一封信没有署名，这意味着多种可能，但当他第二封信署名之后，这种无限可能的边界在逐渐地缩小，最后缩小成为只有一种可能。这是一种隐喻，暗示着人们面临选择时，每个人都有多种可能；但一旦选择，你面对的就是唯一。比如，马克大学毕业后，可以选择做一名检察官，一名教师、机械师、社会科学工作者，也可以做一名室内装饰工、药剂师，但一经选择，所有的可能就会消失，他便只能拥有一种选择。

生活习惯或者说日常生活会轻易地扼杀对“可能性之树”的向往，温和的、平静的、驯服的日常生活会让人失去反抗，甚至憎恶。因而，许多人关闭了存在的可能性之门，在确定性里郁郁而终；而另一些人，在不断地告别庸常而平凡，不断地与过去决裂也和现在决裂。而之后呢，又会重新陷入庸常和平凡，被另一种确定的可能束缚。

在他们互为扮演的游戏里，他们都成为自己的他者，迷失了自己。让·马克最后流落在陌生的街头，成为一名放弃种种努力和可能的乞者；尚塔尔迷失在那间带有红窗帘的屋子，被强加于一个无限可能的“安娜”的名字。就像任何墨守成规都可以变为一种挑衅，而挑衅也可以变成一种墨守成规一样，可能与确定之间也没有明显的界线。不经意间，它们就会完美地实现彼此的转换。正像昆德拉在小说中，不知不觉地就把真实变成了不真实，把现实变成了梦。并且我们很难发现，他是如何完成了这种转换。

那些你不想与之共进晚餐的人

李公明

又一届足球世界杯刚过去了，但是巴西人对足球的热情和对世界杯的态度的区别，仍然使国人越来越多地思考“当我们谈论足球的时候，我们在谈论什么？”就像前段时间当阿里巴巴闪电般地加入恒大的时候，越来越多的球迷思考马云想踢的到底是什么球。看来在这个世界上，与足球完全没有任何关系的东西已经不多了，比如穆里尼奥对于控球踢法的评论就完全超出了那个球——他说：把简单问题复杂化，没必要嘛！是啊，有两位政治学教授也苦口婆心地告诉读者：政治的运作规则并不复杂，因为“政治的逻辑并不复杂。事实上，只要我们准备好审慎地调整我们的思维方式，理解政治世界里的大多数事情就出人意料地简单。”这是美国政治学教授布鲁斯·布尔诺·德·梅斯奎塔和阿拉斯泰尔·史密斯在《独裁者手册：为什么坏行为几乎总是好政治》（骆伟阳译，江苏文艺出版社 2014 年 5 月出版。以下引用该书，只注页码）一书中说的，可惜的是，很多人不敢或不愿意相信政治中大多数事情其实是“出人意料地简单”。在许多人的思维世界中，复杂论永远会战胜简单论，他们不明白“把简单问题复杂化”往往就是复杂

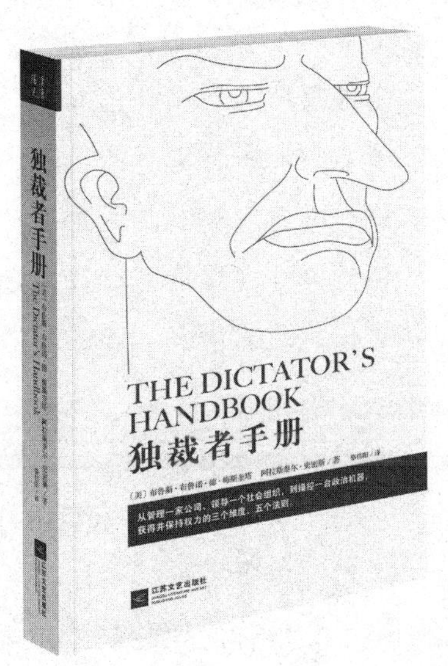

李公明：广州美术学院美术史系教授。

的唯一源泉。

先说这部“手册”的核心问题。“我们从这个简单的出发点开始：统治者们的自私算计和行为是所有政治的推动力。”那么，“领导人行为的理由是什么？是为了攫取权力，维持权力，大限度地控制财权。”（第21页）而且，作者反复强调，不但统治者是这样，“每个人都致力于去做对自己有利的事，而不是对他人有利的事”（第15页）。因此，“一旦我们开始思考是什么因素帮助领导人获取和维持权力，我们也将明白如何去矫正政治。”（同上页）具体来说，“这本书的结构很简单。第一章先勾勒出统治的基本要素，接下来各章分别探究政治的某一特定方面。（第22页）所谓的基本要素，就是本书最重要的两大概念体系：一是政治统治的“三个维度”，即“三维政治”——三种人群：名义选择人集团、实际选择人集团和致胜联盟。政府其实都是一样的，独裁与民主的区别就在于致胜联盟的人数规模：例如在苏联，致胜联盟由党内一小撮能够选择候选人并控制政策的人组成；而在美国，致胜联盟的规模远远大得多，它由足以确保一名总统候选人胜选的最少数目的选民构成。（第30～31页）独裁者只要讨好、收买一小撮人就可以了，民主领导人则要讨好多得多的人。于是，“这三种人群的规模差异几乎决定了政治里发生的一切——领导人能做什么，什么事是他们能或不能逃脱追究的，他们必须对谁负责……”（第33页）二是获得成功的“5个基本法则”，它们分别是：（1）让你的致胜联盟越小越好，（2）让你的名义选择人集团越大越好，（3）掌控收入的分配，（4）支付给你的核心支持者刚好足够确保他们忠诚的钱，（5）不要从你的支持者的口袋里挪钱去改善人民的生活。在这些基础上，关于独裁政治与民主政治的区别，作者作出极为重要和精彩的表述：“独裁政治是关于个人回报的争夺战，而民主政治则是关于好的政策理念的争夺战。”“民主是关于好理念的‘军备竞赛’。”（第80页）

这些分析极其中肯和犀利，的确简单明了。但是，不能忘记的是，“简单”也是要有条件的。比如，“让逻辑和证据指引我们，擦亮我们的眼睛看清政治运行的理由”（第4页）。这就是必要的条件。在引言中，作者就是以“逻辑和证据”来剖析加利福尼亚州小镇贝尔的政治故事，告诉读者：“不管我们是不是在讨论一个由道德败坏的恶棍组成的阴谋小集团，真正重要的是，这些人重视权力，了解如何攫取并维持权力。”（第5页）说起来，在“逻辑和证据”的引领下，这个小故事并不复杂：通过操控选举获得位置和权力，然后通过表面上完全合法的政治操作制定高额报酬的利己规则，通过回报获得领导层的忠诚和人口中极小部分的支持，加上让这一切都不公开、不透明——这样就行了！但是作者难道不明白，对于生活在很多国家、地区的人来说，逻辑和证据恰恰又是多么稀缺的资源啊！

读完这部《独裁者手册》之后，似乎感到这个书名有点“名不符实”：实际上它并非只讲国家或商业机构的“独裁者”，而是几乎处处都同时谈到“民主领导人”；而且与其说是“手册”——“手册”的一般含义是“指南”，不如说是发现或揭露权力运作的秘密的调查报告和诊断书。还有，副标题中的“好政治”也有点费解。在这部中译本上找不到原著副标题的原文，反而因此而在网上下载了原著，才知道副标题是“Why Bad Behavior is Almost Always Good Politics”。从字面上看，中译本的副标题译作“为什么坏行为几乎总是好政治”没有什么不对，但在意思表达上总感到有点不对劲，何谓“好政治”？在网上看到有网友写的书评，把它译为“为什么恶劣行为总是政治成功的通行证？”，那意思就显豁、明了多了。但是，“通行证”也有添加过分之嫌，或许就译为“为什么恶劣行为几乎总是使政治获得成功”吧。要注意的是，获得成功的政治可只是指符合和维持统治者意图的政治，而并非就是“成功的政治”，更并非就是“好政治”。

还有，与这种“名不相符”相联系的是，这类总结权力的游戏规则的书容易使国人产生“厚黑学”的印象；但是该书并不怎么“黑”，相反只是告诉读者，权力是如何黑、为何是黑的。然而，如果以“独裁者政治”的厚黑学来严格要求，恐怕很多有阅历的读者会觉得两位作者还真的不够格。比如，谈到政府的税收与人民的自由度的关系，认为：“鼓励领导人采取自由化政策的最简单方式是迫使他依赖税收来获得收入。一旦做到这一点，在位者将无法再压迫人民，否则人民就拒绝工作。”（第145页）税收能与自由捆绑在一起吗？这谁跟谁啊？！两位美国教授产生这样的观点是很自然的，因为“无代表，不纳税”（No taxation without representation）是他们的革命传统。除此之外，他们还这样论证：“有效的税收要求人民有工作积极性，但如果

人们被剥夺了诸如与同伴一起集会的自由和言论的自由就将无法有效地生产。”（同上页）不但把“生产”和“自由”又捆绑在一起，而且似乎没听说过由“馒头里有税”“月饼里有税”构成的“税收痛苦指数”这回事。关于“生产”与“自由”的论证在书中多次重复（如第285页等），这不是典型的“图样图森破”吗！这说明每个人都会有实际经验的盲点，学问做得再好也不能完全弥补；也说明研究政治与权力运作，想象力还是很重要的。

最后，我们不妨再三思考：政治家到底是什么人呢？这本书在讨论政治家乐此不疲的权力游戏的时候，技术分析的成分多，价值批判即便不是没有也是很不突出的。因此，没有用什么好人、坏人的两分法来辨别忠奸，也就是如老百姓说的“谁上来都一样”。作者很形象和概括地说，他们就是“自私粗鄙之人，就是那种你不想与之共进晚餐的人，但没有他们你可能又根本吃不上晚餐”（第22页）。我们可以进而补充的是，人是什么样的人都无所谓啦，关键是让这些人在什么样的舞台上跳舞，更关键的是为这个舞台和那些舞步制定了什么样的游戏规则。

作者说：“如果我们要玩政治游戏——我们所有人时不时都得玩——那么我们必须学会如何赢。”（第23页）是啊，没有什么游戏是与政治游戏没有关系的，必须学会赢。因此，全书的最后一句话是：“我们最美好的愿望就是那些冒着生命危险与独裁者周旋的人们能够幸福和成功。”（《致谢》，第386页）

古今神游客，关学奠基人

郑也夫

第一次见到胡爷，应该是在央视的屏幕上，是二十五六年前。那是个十集电视片《漫谈三国文化》，第一集名为《关老爷现象》。胡爷那时应该是44岁上下，蓄着大胡子，侃侃而谈。我被打动的与其说是其观点，毋宁说是谈话的风格：流畅、豪迈、大河流水一般。记得那时相熟的几个朋友争相告知：社科院一个大胡子在侃关公呢，叫胡小伟，牛逼。

不久，因我俩都涉足电视策划，终于晤面，是个饭局。我记得喝了好多酒，他比我喝的要多出许多。我问他：你和靳大成（与胡爷同在社科院文学所的著名酒鬼）谁酒量大？胡爷答：你问他去，他敢说能喝过我。从我与胡、靳的接触中觉得，二位都受到酒精的莫大恩惠与伤害。

以后一度过往频繁，其中多一半是一同做点节目，少一半是朋友的饭局。这是一个肤浅的时代，其标志之一是强化肤浅的人际交往方式，我俩都被裹挟其中。虽相交这么久，在很多方面我觉得还不认识胡爷。你想，摄像机前，有政治正确的约束，有主持人弱智的提问，纵是两个异类侃爷，也难有正常发挥。而饭局上各色人等，参差不齐，侃爷们虽偶有机锋闪烁，但更多的是哗众取宠，少有智力上的挑战、碰撞、诘难。且此等方式是劣币逐良币，俩人本周已有过肤浅的交往，还会刻意寻求单独的深刻交往吗？

尽管如此，在被裹挟的聚会中，我依稀记得胡爷的一些高论。一次谈话节目中，记不清是说信任问题还是地方小吃。胡爷讲到50年代的成都：你在小吃街某摊位前的马扎上坐定，可以让摊主帮你拿附近任意一个摊位上的

郑也夫：北京大学退休教授。

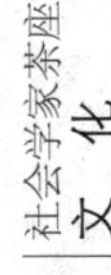

小吃，钱付给他一人即可，各摊主收摊前自会相互结账。因彼此有这个信任，摊主们共存共荣，食客通吃通汇。如此和谐，恍若隔世。

某次聚会中，好像胡爷的公子也在。不知怎的，胡爷说起让公子拜我和孝正兄为师。我说和年轻人交往互动挺好，胡爷纠正：要磕头拜师。我支支吾吾，欲岔开话茬。胡爷一脸肃穆：要磕头的。记不清为何，反正头没磕成。

《实话实说》节目创办时，三位策划邝扬、杨东平和我，比崔永元先入节目组，我们的一个任务是物色一位主持人，真的挑选过无数，还包括牛群。胡爷也被邀请试了一把，试后我们三人议论：定下的标准他似乎都达到了，没啥好说的，我们三人通过了。后制片人和编导要我们问胡爷：可否剃掉胡子。胡爷一笑：绝无可能，是你们邀请我，我又不非要做这个主持人。现在回想，如果胡爷做了实话实说的主持人，结局不会好过崔永元。因为胡爷的精英意识强过小崔。一个节目的走红，除了主持人的才能外，还依赖其性格与主流价值观的适应，其风格与时尚的匹配。胡爷的精英意识，很可能导致他与主流价值观的矛盾表面化。

我对金庸的小说一向评价不高。那一日胡爷说到金书的社会功能。金书问世时，正是大陆反传统文化猖獗的时代，海外华人可借金书“故国神游”，于娱乐中拥抱传统文化。听罢此论，举座皆服。其中王晓东乃狂人也，一再称赞胡爷说得精辟。

我以为胡爷其实就是一位“神游客”。不是神游在武侠的天地中，而是神游在既有扎实根据、亦有推理和想象的文史世界中。他神形兼似古人，且是少有的能打通古今之通才。

胡小伟先生

我与胡爷能交往多年，彼此有味道相近处。其一，都是在这个世界上，而不属于它。我们都不屑于从权势者那里分一杯羹。我从未申请过一分钱课题费。胡爷 250 万字的巨著之后记中感谢有 1.8 万元的课题费，和没有也差不多。其二，我们都是学者入电视，不以触电为俗，而以屏幕上嬉笑怒骂为乐事。

但也有不同处。其一，我出身不好，长久以来形成了对社会的批判态度。而胡爷是红二代，与我辈同流合污便属绝对的异类了。与我交往较深的红二代中有两位批判型学者。其一杨东平，堂堂正正，有板有眼，一手做环保，一手做教育。另一位正是胡爷。胡爷对我说，其父是早年川共领导人，以嫌疑犯的身份进过渣滓洞，甫志高招出了多人，却放过了其父，可见人性之复杂吊诡。后在国家计委做官，批大笔外汇是薄一波一支笔，小笔外汇是其父一支笔。东平不像红二代在其低调，胡爷不像则是全方位的：做派、锋芒、价值观、江湖气。我不知道是早年怎样的经历，成就了胡爷这等异类。可作如下猜想。其一，特科人员，特别是和国民党高层来往的特科人员，和红区、的共产党干部在诸方面差异颇大。共产党入城后，当这些白区特科们融入其中时，其实也有艰苦的适应过程，且常常被边缘化。胡爷是在这样的家庭长大的，故家教与一般的共产党干部不同，且父亲较早就倒霉，必影响其性格。胡爷父亲当年从四川调到北京，他依旧在成都读中学。1961 ~ 1963 年吃不上饭，家里求救父亲，胡爷才来到北京。要转学到一所中学。毕竟是计委高干，联系人告诉胡家，可以去北京三中或北京四中读书，他家以为，序号靠前的更好，胡爷就去了三中读高中。这些年笔者反省教育，以为一个少年进入四中不甚好，因为同学的家庭背景单一，太精英；进入三中、三十五中这样的学校最好，虽高考逊色四中，也过得去，而同学的家庭背景堪称三教九流，这样的生态对一个少年再好不过。若当年胡爷进了四中，多半不是后来的性情、价值观。

其二，我虽触过电，自认为是地道学者，笔耕甚勤。胡爷的祖父是大地主，父亲是高干，从其作风联想到其出身，我一直以为他是述而不作、散淡洒脱的玩主。竟迟至今日才明白这是太大的误判。

我俩频繁的过往忽然间就稀疏了。现在回想才明白过味来。那些年的交往多一半是在电视台的谈话节目中做嘉宾。现在全国上下的电视台还有谈话节目吗？何以统统扫荡出局，不须在下饶舌。

几年前胡爷来过电话说及他的一个亲戚要考我系的在职研究生。我对在职能读好书一向存疑，故答复不够热情。以胡爷心气之高求人必属稀少，遇

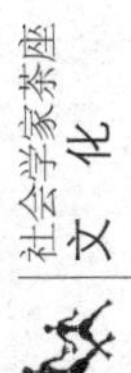

到我这样六亲不认的老朋友，一定不爽，以后竟再无直接的联系。如果不是这一插曲，胡爷经刘世定兄送给我系的大作《关公崇拜系列研究》(香港出版)，很可能要经我手的。虽世定告我这是部大作，我不能想象关公能写成多大阵仗，竟未一睹。再以后就是由媒体获悉噩耗。

以后接到胡爷公子胡泊的电话，我表示我会写点文字。悼念一个文人，岂能缺少对其文章的评介。但港版书难找，暑期图书馆闭门，便要胡泊先借我一套书。胡泊送来一套五卷本近250万字的《关公信仰研究系统》(香港出版)和一本小册子《第一神明》(中国社会出版社出版)。翻阅后是深深的震撼。

先说《第一神明》。关帝庙为中华大地数量第一的寺庙，久为众人困惑不解。胡爷的书从表层看，只是解答此一问题。解答从关羽身上的特质和社会的造神需求两方面入手。三国的故事开场便是刘关张桃园三结义，以后亦兄弟亦君臣的关系成为贯穿全书的伦理核心。关羽的品质对社会宗教需求的可资利用处正在这关系上。胡爷接着谈关羽的相貌，这可绝非无足轻重。《三国志》孔明给关羽的信中说：马超“未若髯公之绝伦逸群”，可为关羽相貌定性。能由人而神，非凡的相貌乃必不可少。从我们熟悉的当代政治生活看，胡志明、格瓦拉，均系生涯与相貌共铸神圣。从我们后来获得的材料看，胡伯伯年轻时过的不是清教徒的生活，但那清癯、朴素、平易的相貌最易承载清教徒的内涵。格瓦拉的那幅照片是演员装扮游击队员都达不到的风采。再说关羽的非凡行为。曹操经汉献帝之手，授予关羽汉寿亭侯，这是与刘备平级的爵位，并赐黄金无数。而得知刘备音讯后，关羽挂印封金，千里走单骑。为弟为臣，这确实做到家了。胡爷说，二十四史中至少关羽之前，如此为臣为弟者无第二例。《三国志》称关羽“威震华夏”，可见其武功了得，胡爷说，这等褒词在二十四史中绝无仅有。关羽死后，刘备、曹操、东吴三方都为其修坟，也属极其罕见。就是说，从关羽相貌、伦常道德、武功军功看，都是罕见的，成为造神之候选顺理成章。接下来说社会层面。对关羽类型的楷模的需求涉及全方位的社会。帝王的最大需求莫过于忠臣。商业生活的需求是：坚守信用，拒不义之财。江湖上亲属靠不上了，只能靠结拜关系。关羽的操守投合多阶层的道德需求。更耐人寻味的是，关公崇拜竟然还超越民族。胡爷的解释是：

蒙古将军们看了三国故事深受感动，因为一个军事至上的马上民族有怨必报、快意恩仇，他们感动于弟寻兄千里走单骑，亦感动兄为弟不惜江山要报仇。胡爷还分析了由人入神的建构过程。汉代中原兵器中是没有大刀的，所谓青龙偃月刀完全是后人造神中的审美需求。周仓本来与关羽毫不相干，他是江南某地的小神，关公崇拜传到南方，该地人将外来神与本地神撮合起来，内涵扩大后原产地也欣然接受，多个拎包的有何不可。

以上是对这本10万字的小书的最简要概括。而翻阅《关公崇拜系列研究》简直不敢妄加评论。那是博大的文化史研究。请看：汉与五代结拜之风，古代江湖社会，小说与演义的兴起与区别，史学中的正统之争，汉民族之自觉研究，元杂剧繁荣之谜，这众多迷人且高难的问题均在胡爷巨著的讨论之中。不通读此书当然没有评论的资格，但我疑惑通读后我也没有评价的能力。故拨通胡爷一向看重的王焱兄的电话。王焱竟然不知胡爷已经仙逝，对其大作问世更一无所知。如此巨著当然一改胡爷系玩主的误判。但是我与王焱都惊叹不已的是胡爷的苦心孤诣：埋头做着这么大的工程，竟然不与朋友道。

胡泊对我说：《关公信仰系列研究》完成后，其父找过中华书局等多家出版社，屡遭拒绝，心灰意懒。遭遇如此功利的社会，或许也是胡爷不愿再与人道的原因之一。先是静悄悄在香港出版（似乎是个人出资，连儿子都不知详情），而后竟然是更大工程的启动，即开始了本书的修订，篇幅竟然又大幅度增加。几乎竣工之际，一命呜呼。真乃：文章憎命达，魑魅喜人过。

我的初印象：这是一部博大的文化史巨著，胡爷是关学奠基人，且不仅于此。判断当否，需就教于方家，首先是王焱先生。我们已经约定，近期讨论这部书。阅读与座谈亡友的著作是对他最好的纪念。

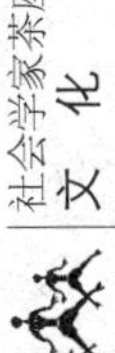

余生几朝夕，宜乐不宜哀

——读启功先生诗词

王学泰

读启功先生诗如见其人。他在《启功自述》中说自己“非常淘气”，好逗笑，“时常针对时局和学校的一些事编些顺口溜”，“编完后还要在相好的同仁间传播一下，博得大家开怀一笑”，“自述”中介绍了一点启先生在这方面的成绩，其中有讽刺，更多的还是幽默。他平常接人待物也是这样。1980年代，文学所借科学院图书馆小礼堂（在美术馆对面，现已拆毁）开会祝贺俞平伯先生从事学术教学60周年，邀请了许多在京的著名学者。大会开了一会儿了，启先生从后门悄悄进场。我们坐在后排的站起来迎接他，他穿着一件蓝羽绒服带有歉意地向大家拱手说：“刚从新加坡回来，几个钟头之间，一热一冷，差一点鸟乎了……”“鸟”字去了那点不真成了“乌乎”了，逗得大家一笑，这也正是他“淘气”的表现。不过，启先生年青时代的淘气常常编排当年的人和事；自20世纪50年代以后，特别是在他晚年所写的诙谐文字中主要是编排自己了，这不仅“博得大家开怀一笑”，而且启先生自己也从中得到乐趣。比如，本文题目出自组诗《终夜不寐，拉杂得句，即于枕上仰面书之》中的第四首。其中第一首云：

九秩今开六，吾生亦足奇。登楼双腿拙，见客眼单迷。春至疑晨暖，灯高讶日西。乌乎余一点，凡鸟閟中栖。

诗中把自己写成一个老糊涂：登楼两腿发软，见客时常常冲盹儿，春天来了也不知道，把吊灯错认为太阳。最后用《世说新语》中故事作结，说自己不过是个栖息在门阈上的“凡鸟”罢了。“凡鸟”是魏晋时期吕安讽刺凡俗之

王学泰：中国社会科学院文学所研究员。

士嵇喜的典故："嵇康与吕安善，每一相思，千里命驾。安后来，值康不在，喜出户延之，不入。题门上作'凤'字而去。喜不觉，犹以为欣，故作'鳳'字，凡鸟也。"嵇康吕安都是愤世嫉俗之辈，吕安访康，嵇康不在，嵇喜殷勤地接待他，吕连门都不踏进一步，只在门上题了个"鳳"（凤）字便飘然而去。不明就里的嵇喜还挺高兴，以为吕安赞美他为凤凰；其实"鳳"拆开来看只是凡鸟而已。魏晋时期的名士都以倨傲名世，而启先生就以呆坐不动的老鸟自居。这种自嘲成为启功晚年诗词重要特征。

自嘲不是自辱，也非随意贬低自己，凭借着奇思异想或构思造句的功力，其奇诗奇句，常常溢出思维定式，使读者不得为之喷饭，也显示了作者的卓荦不凡。

据启功弟子们所编《想念启功》中的《启功老爷子如是说》（启功去世前两年的碎语记录）中两次提到自己的"白话诗"（指旧体诗词）可以传世。他说，"我最得意的八篇是'挤车'"。这是指《鹧鸪天·乘公共交通车》。这八首词早在刊布之前就在诗词爱好者中广为流传了，记得我是在中华书局文编室抄得的，一边抄，一边笑，不能自已。这组词的成功来源他把普罗大众都有的体验用形象、生动、幽默的语言表达出来，这类北京市井生活的题材在新诗中是很难表现的。组诗中还成功地塑造了在挤车战斗中处于绝对劣势北京老头的形象。

《鹧鸪天》八首（乘公交车）

1. 乘客纷纷一字排，巴头探脑费疑猜。东西南北车多少，不靠咱们这站台。 坐不上，我活（作平声）该，愿知究竟几时来。有人说得真精确，零点之前总会开。

2. 远见车来一串连，从头至尾距离宽。车门无数齐开闭，百米飞奔去复还。 原地站，靠标竿，手招口喊嗓音干。司机心似车门铁，手把轮盘眼望天。

3. 这次车来更可愁，窗中人比站前稠。阶梯一露刚伸脚，门扇双关已碰头。 长叹息，小勾留，他车未卜此车休。明朝誓练飞毛腿，纸马风轮任意游。

4. 铁打车箱肉做身，上班散会最艰辛。有穷弹力无穷挤，一寸空间

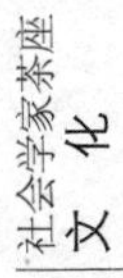

一寸金。　头屡动，手频伸，可怜无补费精神。当时我是孙行者，变个驴皮影戏人。

5. 挤进车门勇难当，前呼后拥甚堂皇。身成板鸭干而扁，可惜无人下箸尝。　头尾嵌，四边镶，千冲万撞不曾伤。并非铁肋铜筋骨，匣深磁瓶厚布囊。

6. 车站分明在路旁，车中腹背变城墙。心雄志壮钻空隙，舌敝唇焦喊借光。　下不去，莫慌张，再呆两站又何妨。这回好比笼中鸟，暂作番邦杨四郎。

7. 入站之前挤到门，前回经验要重温。谁知背后彪形汉，直撞横冲往外奔。　门有缝，脚无跟，四肢著地眼全昏。行人问我寻何物，近视先生看草根。

8. 昨日墙边有站牌，今朝移向哪方栽。皱眉瞪眼搜寻遍，地北天南不易猜。　开步走，别徘徊。至多下站两相挨。居然到了新车站，火箭航天又一回。

我想即使是影像艺术也很难把一位挤公交车的老人的神情形态描绘得如此生动、如此活灵活现。现在我也70多岁了，也常挤公交车，当然北京的公交比1970年代有了很大的进步，但也时有与启先生相似的遭遇，因此现在读来，尤感亲切。

本来腿脚不济、又心急火燎等待回家，这是组词中主人公的内在矛盾；八首词从等车、追车、上车、车中、准备下车、下车失败、下车到再乘车都是围绕这些外在矛盾展开的。

第一首表现等车老人的心态与肢体动态：“乘客纷纷一字排，巴头探脑费疑猜”。作者没有用动态性更强的“伸头探脑”而用“巴头探脑”，因为“巴”更侧重表现内心的急迫感，如“巴望”“巴巴儿”之类。车站上南来北往的车多得很，而要坐的这路车就是不来，急人不急人！这正如涸泽之鱼，江湖之水，对它没用。“有车，挤不上去怨我；没车，这是谁的责任？”心中的牢骚不由自主地念叨出来，马上有人回过来一句“零点之前总会开”。其实这是一句更强的牢骚。

第二首是追车，北京公交车，或是不来，或是排着队来，一下子许多车进了站，前后间隔很大，也没有按规矩在站牌前开门，让乘客按次序上车。此时乘客从“没自由”，一下子飞跃到有了“选择自由”，于是，秩序马上大乱。此时司机们也面临着选择，是按规矩到站台开门、还是见人开门？也有坐在高高的驾驶座上，看着车下的芸芸众生的乱跑乱窜取乐，所以才会有“车门无数齐开闭，百米飞奔去复还”。最糟心的还是处在劣势的老人，不仅跑不赢开合的车门，开合无序车门也使他们眼花缭乱。此时老人只有“原地站，靠标杆”守纪律这点“优势”了，然而在一片混乱中谁还能注意到呢？“手招口喊嗓音干”，也是“瘸子打围坐着嚷”，没用——“司机心似车门铁，手把轮盘眼望天”。

第三首写公交车停在了站台上，老头有希望了，然而车上的人比等车的还多，司机受行驶时间的限制，往往车门刚开即闭，上两个乘客赶紧走。老头腿脚慢：“阶梯一露刚伸脚，门扇双关已碰头”，最后仍是“他车未卜此车休”。前三首写尽了上车之难：没车不行；车来得太多了停靠没次序，追不上车，也不行；车上人太多，司机有意控制上客量，自己腿脚没有气门快，又没有“动如脱兔”本事，还是不行，“乘车难”“乘车难”，老百姓多年的感慨化为启先生笔下生动和可笑的形象。生活的艰难激发了老人的痴想：我是练飞毛腿，还是学“神行太保戴宗”“脚踩风火轮的哪吒”日行八百，夜走一千……

第四首写上车之后的感受：“有穷弹力无穷挤，一寸空间一寸金”，老头竭力挣扎“头屡动，手频伸”想做些小调节，好舒服些，“可怜无补费精神”，一点用处没有；改变不了外在的一切，只有改造自己了——“变个驴皮影戏人”罢。

第五首是进一步描写“挤”，这是从“正面价值”来说了，“挤”不再是“挤”，而是把你安放在一个严丝合缝安全包装里，你仿佛是一件价值数亿的“元青花”，或明成化斗彩的“鸡缸杯”受到最严密的保护：“头尾嵌，四边镶，千冲万撞不曾伤。并非铁肋铜筋骨，匣里瓷瓶厚布囊”，妥帖而安全，就是没有丝毫动弹的自由了。

第六首写车到站了，“车站分明在路旁”，但人墙厚于城墙，越急越挤，越不出去：“心雄志壮钻空隙，舌敝唇焦喊借光”，但没用，车还是启动了。

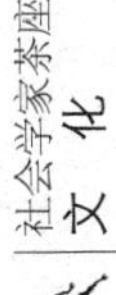

车一过站与未到站之前感受不同了，那时尽管挤，但从好的方面想是这样能安全到家；过站之后绝不会像旁观者那样轻松“下不去，莫慌张，再待两站又何妨”；一股烦躁从心底升起，这不是与困守番邦杨四郎一样“我好比笼中鸟有翅难展”！

第七首写老头接受到站不能下车的教训，早早挤到车门、并守在那里。车门一开准能下车，然而“谁知背后彪形汉，直撞横冲往外奔”，“门有缝，脚无根”车门刚一开，脚底无根老人被彪形大汉一冲，糊里糊涂地飞了出去，弄得四脚着地，脸贴地皮，大汉扬长而去，路人好奇以为“近视先生看草根”。第八首写再次乘车。70年代的北京公交规则失序，变来变去，站牌挪位是常事，老近视找不到站牌，“皱眉瞪眼搜寻遍，地北天南不易猜”，不过他没有抱怨，顺着这条路找，最多是两站合并到一起了，没想到，这一找，一直找到新车站，这距离大概相当“火箭航天又一回”了。这也许是老人对公车系统最严重的批评了。读这组词，我们除了笑以外，还会感受到其主人公的憨厚可爱，他是一位温和的、典型的老北京的形象，通篇只是自责无能，对于其他，只是感叹。

不仅《鹧鸪天》八首，启功许多描写生病住院、自嘲无学无才的篇章塑造了一个完整的、有教养的传统北京老人的形象。《颈部牵引》是一首长达66句的“五言古体诗”。从这首诗可见启先生写作古体诗的功力：

> 京郊动物园，西偏有鹿苑。如鹤立鸡群，悠然两伙伴。腰腿势巍峨，皮毛光绚烂。
>
> 长颈立如竿，何曾曲一线。平视鸟巢归，俯瞰人鱼贯。侏儒与巨子，见顶不见面。
>
> 董宣强项名，几以性命换。朱云指佞臣，拽得栏杆断。巧宦云为梯，恶霸人作荐。
>
> 持与鹿相权，静躁可立辨。曾遇考据家，图文至雄辩。麒麟长颈鹿，实同名略变。
>
> 西狩发深悲，多怪由少见。多识鸟兽名，徒自将人骗。所以孔仲尼，横遭大批判。
>
> 我近数年间，痼疾久为患。寻常谈笑中，头晕而目眩。病与日俱增，

终须住医院。

透视细检查，照相留胶片。颈椎只七节，骨质增生遍。血脉阻塞多，遂致成瞀乱。

服药加理疗，妙法奇而便。头拴铁秤锤，中间系长练。每日两番牵，只当家常饭。

骨刺虽难消，骨隙可得间。指标谁与齐？但向鹿颈看。我闻医师言，涊然头有汗。

鄙夫何如人，敢居仙侣畔。颈牵一丈长，腿仍二尺半！有皮而无毛，能烂不能绚。

万一再教书，怎往讲台站？百岁余卅八，尚可充好汉。不成虎豹鞹，且作麒麟楦。

诗的重点是写自己治疗颈椎病，但却从动物园的长颈鹿写起，写它性情温顺安详，外观绚烂美丽，其长颈，直立如竿，俯瞰人群，悠然自得；鹿之长颈，为人赞美，而人如果有此耿直的脖子就难免成为启祸之端，如汉之“强项令”董宣、或“直臣”朱云。长颈鹿不仅美，“考据家”又“证实”了它就是麒麟。古人视麒麟为祥瑞，孔子曾因麒麟被捕获而“深悲”，从此“封笔”连《春秋》也不写了。不过他不知道麒麟就是长颈鹿，所以遭到革命大批判也非冤枉。从开篇到此都是游戏笔墨，开动物与古人的玩笑，以为正题的铺垫。从“我近”开始入正题，写自己病情严重和医生认真负责，只是对“颈部牵引”这种疗法感到郁闷。“颈牵”四句用对未来的想象表达对这种奇妙治法的担心。长颈与短腿之间的不协调、不匹配如何设坛从教、为人师表！六十来岁对于做教师这一行的是个黄金年龄段，尚可以大干一番，如果自己被牵引成麒麟可怎么办？到此笔锋一转，什么麒麟？顶多是个“麒麟楦”罢了。此典出自《朝野佥载》“唐初四杰”之一，“杨炯词学优长，恃才简倨，不容于时。每见朝官，目为麒麟楦许怨。人问其故，杨曰：‘今餔乐假弄麒麟者，刻画头角，脩饰皮毛，覆之驴上，巡场而走。及脱皮褐，还是驴马。无德而衣朱紫者，与驴覆麟皮何别矣！’”自命为麒麟的“朝官”，实际也就是个“麒麟楦”，扒了那层画的麒麟皮也就是条驴。杨炯拿来骂世的，启先生用以自嘲。此诗之奇特在于不管是正写，抑或反写，都像在一本正经地讲笑话，很难捕捉到

那句话是“正经话”，有点像马三立的《逗你玩》（难怪黄苗子先生在读启功先生《自撰墓志铭》中的“谥曰陋”说不如改成“谥曰逗”）。初读可能未必笑，读后想起来才会笑。

启功是老实人，与世无争、谦和、良善、碰壁时多，顺利时少，但很少有怨言，而且处处自我嘲讽，频频向大家拱手作揖连连道“对不起”……。读了启先生充满了笑谑的白话诗词，更多感受的是辛酸，我想是不是这个世界有些亏待这位才华横溢的老人？

当然启功也偶有自负的时候：

挚友平生驴马熊，驴皮早已化飞鸿。鄙人也有驴肝肺，他日掏来一样红。　身反侧，眼惺忪。窗前日色已朦胧。开门脚步声声近，护士持来药一盅。

启功在词的小注中说“驴者曹家琪，马者马焕然，熊者熊尧。曹于去年病逝于此，遗体作病理解剖，然后火化”。作者住在故人去世的病室中，想到他那位“驴友”对人类做的最后一次贡献——献出自己的遗体。于是他也用清晰的语言表明自己的处世态度，这就是“鄙人”一联。原来看似好好先生的启功并不颟顸，更非乡愿，也是个有热血、有正气、特别是懂得关爱的人物。这在启先生的自述里明确地说道：“我从佛教和我师傅那里，学到了人应该以慈悲为怀，悲天悯人，关切众生；以博爱为怀，与人为善，宽宏大度；以超脱为怀，面对现世，脱离苦难。”

启功诗词中充满了悲天悯人的情怀，对于老妻更是这样。妻子先他而去，他写下了多篇感人至深的追怀与悼亡之作。他在自述中说：“她撒手人寰后，我经常在梦中追随她的身影，也经常彻夜难眠，我深信灵魂，而我所说的灵魂更多的是指一种情感，一种心灵的感应，我相信它可以永存在冥冥之中。”他的《痛心篇》二十首，全用白话写成，如写妻子病重时：“今日你先死，此事坏亦好。免得我死时，把你吓坏了。”写妻子去世后作者的心情：“只有肉心一颗，每日尖刀碎割。难逢司命天神，恳求我死他活。”这些诗就是老人的自言自语，它们不是“做”出来的，是下意识地从心中流出来的。在悲痛之外，启功更多的还是歉疚，因为他总想妻子嫁给自己后，除了对这个家作奉献外，没有过一天好日子。启功说：“老伴死后不久，‘文化大革命’

就结束了，我的境况逐渐好了起来，用俗话说是‘名利双收’，但我可怜的老伴再也不能和我分享事业上的成功和生活上的改善，她和我有难同当了，但永远不能和我有富同享了。有时我挣来钱一点愉快的心情都没有，心里空落落的，简直不知是为谁挣的；有时别人好意邀请我参加一些轻松愉快的活动，但一想起只剩下我一个人了，就一点心情都没有了。他有一首诗，写自己半夜睡不着觉，无聊之极，便起来数钱：

纸币倾来片片真，未亡人用不须焚。一家数米担忧惯，此日摊钱却厌频。酒酽花浓行已老，天高地厚报无门。吟成七字谁相和，付与寒空雁一群。

——《夜中不寐，倾箧数钱有作》

真像杰克·伦敦小说《马丁·伊登》中所写，当马丁还是穷海员时，痴迷写小说，常常不能出海，穷得没饭吃，经常饥肠辘辘；一举成名后，各种宴请，让他应接不暇。在一个宴会上，他发表演讲说：在我没得吃、什么都能吃的时候，没有任何人请我；现在我什么都吃不下了，却一个宴请接着一个宴请。钱也是如此，当它能给亲人解决愁烦、带来快乐的时候，一文不名；亲人没了，孔方兄却联翩而至。是世态人情的势力，还是自己命运不济呢？诗人也弄不懂了。真是“莫名其妙从前事，聊胜于无现在身”。

启功诗词、特别是词中，大量使用北京白话、仿佛是京剧中的京白，但仍保持了词的韵味，别有一番情趣。举一首，以为笑乐：

南乡子（余因病住医院时，见有青年女子自东北牧区来，颔下生须数茎，住院医治，疼痛呼号，其须仍在）

少女貌端庄，颔下生须似不扬。千里南来求治法，奇方。扎破臀皮打气枪。　思想要开张。颊上添毫本不妨。试向草原群里看，山羊。个个胡须一样长。

奇人奇事，偶被启功写入奇诗，遂发千古之一大噱。

读启功的诗词，有无穷的乐趣。

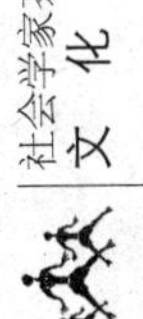

《绿野仙踪》没有讽刺乾隆

张宗子

一

周作人谈中国古典小说，谈到两本书，给人印象最深。一本是《儿女英雄传》，一本是《绿野仙踪》。这两本书，他在不同的文章里反复谈到过，但具体情况不同。他喜欢《儿女英雄传》，读得熟，喜爱里面的人物：十三妹是他一贯推崇的健康女人，安老爷虽有道学气却能见事通达，书的语言之好更不必说。至于《绿野仙踪》，他对整部书兴趣并不大，只对冷于冰遇到老儒的故事念念不忘。周作人痛恨道学和八股文，凡与此有关的，哪怕只沾一点点边，讨伐起来决不容情，这只要看看他对韩愈的态度就很清楚。冷于冰投宿而遇乡村老儒那一回，好似扩展版的明清笑话，故事夸张而讽世尖辣。周作人于此心有戚戚，他觉得此节是讽刺乾隆皇帝的御制诗的：

> 这里还有一部书，我觉得应该提一提，这便是那部《绿野仙踪》。什么人所著和什么年代出版我都忘记了，因为我看见这书还在许多年前，大概总有60多年了吧。鲁迅的《中国小说史略》中也不著录，现今也无法查考。这是一部木板大书，可能有20册，是我在先母的一个衣柜内发见的，平常趁她往本家妯娌那里谈天去的时候偷看一点，可能没有看完全部，但大体是记得的。书中说冷于冰修仙学道的事，这是书名的由来，但是又夹杂着温如玉狎娼情形，里边很有些猥亵的描写，其最奇怪的是写冷于冰的女弟子于将得道以前被一个小道士所奸的故事。不过我所不能忘记的不是这些，乃是说冷于冰遇着一个开

张宗子：旅美华人作家，供职于美国纽约皇后区图书馆。

私塾教书的老头子，有很好的滑稽和讽刺。这老儒给冷于冰看的一篇“馍馍赋”，真是妙绝了，可惜不能记得，但是又给他讲解两句诗，却幸而完全没有忘记，这便是：媳钗俏矣儿书废，哥罐闻焉嫂棒伤。

这里有意思的事，乃是讽刺乾隆皇帝的。我们看他题在《知不足斋丛书》前头的“知不足斋何不足，渴于书籍是贤乎”，和在西山碧云寺的御碑上的“香山适才游白社，越岭便以至碧云”比较起来，实在好不了多少。书里的描写可以说是挖苦透了，不晓得那时何以没有卷进文字狱里去的，或者由于告发的不好措词，因为此外没有确实的证据，假如直说这“哥罐”的诗是模拟“圣制”的，恐怕说的人就要先戴上一顶大不敬的帽子吧。

这段文字，系《旧小说杂谈》中的一节，后来又抄入《知堂回想录》，此处是从《回想录》中摘录的。“哥罐”诗见《绿野仙踪》第七回，是老儒风花雪月四诗中《咏花》诗的一联。全诗如下：

红于烈火白于霜，刀剪裁成枝叶芳。蜂挂蛛丝哭晓露，蝶衔雀口拍幽香。

媳钗俏矣儿书废，哥罐闻焉嫂棒伤。无事开元击羯鼓，吾家一院胜河阳。

诗的前两句明白如话，最后两句虽然用了典故，熟悉古典文学的人都不难理解，意思正如作者自己解释的：“开元系明皇之年号，河阳乃潘岳之治邑；结尾二句，总是极称予家草木之盛，不用学明皇击鼓催花，而已胜河阳一县云尔。”问题在于中间两联，既没用怪字，又不使僻典，偏偏怎么看都看不懂，所以冷于冰看了，只得请教。老儒讲解，却是写他家实际发生的事情，只不过省略过头，强凑字句，弄得似通非通，不伦不类了：

予院中有花儿，媳采取而为钗，插于鬓边，俏可知矣；予子少壮人也，爱而至于废书而不读；予家无花瓶，予兄贮花于罐而闻香焉。予嫂索恶眠花卧柳之人，预动防微杜渐之意，随以木棒伤之，此皆借景言情之实录也。

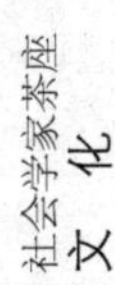

据周作人的回忆，小时候他和鲁迅都读过《绿野仙踪》：“家中原有几箱藏书，却多是经史及举业的正经书，也有些小说如《聊斋志异》《夜谈随

录》，以至《三国演义》《绿野仙踪》等，其余想看的须得自己来买添，我记得这里边有《西阳杂俎》《容斋随笔》《辍耕录》《池北偶谈》《六朝事迹类编》、“二酉堂丛书”、《金石存》《徐霞客游记》等。”（《关于鲁迅》）

“论诗赋得罪老俗儒”的故事，兄弟俩大概没少相对谈论，周作人的深刻印象，说不定还是由于鲁迅。鲁迅在《作文秘诀》里谈到此书，不及其他，也只说到“哥罐”诗：“至于修辞，也有一点秘诀：一要蒙胧，二要难懂。那方法，是：缩短句子，多用难字。”秘诀之一的缩短句子，举的就是此例：

《绿野仙踪》记塾师花，有句云：媳钗俏矣儿书废，哥罐闻焉嫂棒伤。自说意思，是儿妇折花为钗，虽然俏丽，但恐儿子因而废读；下联较费解，是他的哥哥折了花来，没有花瓶，就插在瓦罐里，以嗅花香，他嫂嫂为防微杜渐起见，竟用棒子连花和罐一起打坏了。这算是对于冬烘先生的嘲笑。然而他的作法，其实是和扬班并无不合的，错只在他不用古典而用新典。

周作人上文中说讽刺乾隆皇帝，然而他举乾隆诗的两联，虽然确实不高明，却和“哥罐体”迥不相类。

乾隆的四万首诗，不知道周作人读过多少。他列举的实例，除了知不足斋那一首，都是北京香山碧云寺石刻上的。在早年的《山中杂信》里，他两处提到散步读乾隆诗碑，每次都不忘挖苦一番，每次挖苦都以《绿野仙踪》中的俗儒作比：

《山中杂信》第四节：

“近日因为神经不好，夜间睡眠不足，精神很是颓唐，所以好久没有写信，也不曾做诗了。诗思固然不来，日前到大殿后看了御碑亭，更使我诗兴大减。碑亭之北有两块石碑，四面都刻着乾隆御制的律诗和绝句。这些诗虽然很讲究的刻在石上，壁上还有宪兵某君的题词，赞叹他说‘天命乃有移，英风殊难泯’。但我看了不知怎地联想到那塾师给冷于冰看的草稿，将我的创作热减退到近于零度。我以前病中忽发野心，想做两篇小说，一篇叫《平凡的人》，一篇叫《初恋》；幸而到了现在还不曾动手。不然，岂不将使《馍馍赋》不但无独而且有偶么？”

第五节：

“我每天傍晚到碑亭下去散步，顺便恭读乾隆的御制诗；碑上共有十首，我至少总要读他两首。读之既久，便发生种种感想，其一是觉得语体诗发生的不得已与必要。御制诗中有这几句，如‘香山适才游白社，越岭便以至碧云。’又‘玉泉十丈瀑，谁识此其源。’似乎都不大高明。但这实在是旧诗的难做，怪不得皇帝。对偶呀，平仄呀，押韵呀，拘束得非常之严，所以便是奉天承运的真龙也挣扎他不过，只落得留下多少打油的痕迹在石头上面。倘若他生在此刻，抛了七绝五律不做，去做较为自由的新体诗，即使做得不好，也总不至于被人认为‘哥罐闻焉嫂棒伤’的蓝本吧。”

《旧小说杂谈》和《山中杂信》第四节都提到所谓《馍馍赋》，实际上《绿野仙踪》中并没有《馍馍赋》。他是小时候读的，年头久，记错了。老儒送馍馍给冷于冰吃，随口讲了一段关于馍馍之好处的话，用八股文作法，确有几分赋得体的神韵。周作人因此产生错觉，不为无因。

二

周作人指出乾隆诗的可笑，说《绿野仙踪》讽刺乾隆，金庸先生在小说《书剑恩仇录》里表示赞同。《书剑恩仇录》第十回有一条长注，其中说：

“日人稻叶君山《清朝全史》云：‘乾隆御制诗至十余万首，所作之多，为陆放翁所不及。常夸其博雅，每一诗成，使儒臣解释，不能即答者，许其归家涉猎。往往有翻阅万卷而不得其解者，帝乃举其出处，以为笑乐。’其实乾隆之诗所以难解，非在渊博，而在杜撰，常以一字代替数语，群臣势必瞠目无所对，非拜伏赞叹不可。”接着便引用了周作人的那段话，评论说：“该书成于乾隆二十九年，其时御制诗流传天下，周说颇有见地。”

金庸先生说乾隆诗的难解，不在渊博而在杜撰，和鲁迅先生意思一样，而说得更具体。周作人说讽刺，就是说，《绿野仙踪》里的“哥罐体”，是故意模仿乾隆的。金庸加以补充，小说写成时，正当乾隆御制诗流行天下，作者李百川才加以嘲讽。所以，“哥罐体”等于就是“乾隆体”。实际上，这种用“今典”，“以一字代替数语”的歪诗，是有“传统”的。假如李百川有一个模拟对象，对象并不一定是乾隆。我们先看一个广为人知的例子。

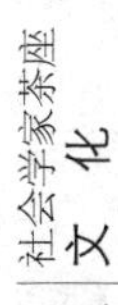

冯梦龙《古今谭概》里收了一个宋朝的故事：

哲宗朝，有宗子好为诗，而鄙俚可笑。尝作《即事》诗云："日暖看三织，风高斗两厢。蛙翻白出阔，蚓死紫之长。泼听琵琶凤，馒抛接建章。归来屋里坐，打杀又何妨？"人问其诗意。答曰："始见三蜘蛛织网于檐前，又见二雀斗于两厢廊。有死蛙翻腹似'出'字，死蚓如'之'字。方吃泼饭，闻邻家作《凤栖梧》。食馒头未毕，阍人报建安章秀才上谒。接章既归，见内门上画钟馗击小鬼，故云'打杀又何妨'。"哲宗方欲灼艾，有小内侍诵此诗，笑极，遂罢灸。

这个故事不仅《古今谭概》收录，很多笑话书和其他书里都收了。原来的出处没查到，据说出自元人《拊掌录》。总之，这首《即事》诗大名鼎鼎。看其写法，正和哥罐诗如出一辙。

胡适先生在其《白话文学史》专门搜罗历代俗诗，他没看上的俗诗中，正有一类，就是那些不通文墨的官僚、武将、地方军阀和盗寇头目的附庸风雅之作。比如安史之乱的主角史思明，姚汝能《安禄山事迹》中说，他本不识文字，忽然好吟诗，每写出一首，都要到处张贴。他的《樱桃诗》很多人都读过，还有一首《石榴诗》，不如樱桃诗那么出名，但同样可爱："三月四月红花里，五月六月瓶子里。作刀割破黄胞衣，六七千个赤男女。"大作完成，感觉良好的史先生，立即下令"郡国传写，置之邮亭"。以他"大燕顺天皇帝"的身份，这两首御制咏水果诗，当年肯定也是"阔气"过的，不知赢得了多少翰林学士的称赏。

隋朝侯白的《启颜录》里，记载了北朝武将高敖曹的三首诗，其中有名的句子有："开坛瓮张口，卷席床扒皮。""墙斜壁凸肚，河冻水生皮。"这是地道的打油诗了。这类诗，直到洪秀全和近代的张宗昌，还薪火相传，不绝如缕。哥罐体，正是这类俗诗中比较具有"写实"和"格物"精神的一种。

说起来，宋朝那位宗室子弟还不是哥罐体的创始人。这位创始人，要比他早上几百年，是唐朝早期的一位将军权龙襄。由于权将军爱写诗，又以诗自豪，加上相对多产，他创造的哥罐体，当时就叫"龙襄体"。"龙襄体"的标准之作，是张鷟在《朝野佥载》中为我们记下的《秋日述怀》：

檐前飞七百，雪白后园墙。饱食房里侧，家粪集野螂。

和前述两首哥罐体一样，这首诗也无人读懂，作者只好亲自解说："鹞子檐前飞，直七百文。洗衫挂后园，乾白如雪。饱食房中侧卧。家里便转，集得野泽蜣螂。"

《绿野仙踪》第七回讽刺乡儒，哥罐体诗不过其中一端。此外还有他的《臭屁赋》《臭屁行》，还有《畏考秀才赋》。老儒见于冰，自我介绍道："姓邹，名继苏，字又贤。邹，乃邹人孟子之邹，继绪之继，东坡之苏；又贤者，言不过又是一贤人耳。"他僻处乡间，好不容易遇到一个读他文字的人，兴奋莫名，捧出几大本所作的诗词文赋，不让客人睡觉，边读边听他自说创作体会，再给他赞扬。冷于冰信手翻看，"内有十岁邻女整寿赋、八卦赋、仅周仓将军赋；又掀过二十余篇看，有大蒜赋、碾磨赋、丝瓜喇叭合花赋，再往后看，见人物、山水、昆虫、草木无不有赋，真不知费了多少年功夫"。邹继苏这样的人物，迂腐不通，荒唐可笑，坎井之蛙，妄自尊大，古代小说里屡见不鲜，明清的笑话也常拿他们打趣，显然是现实中普遍存在的一类人物。这种人，本身也是科举制度的受害者，可笑的同时，亦复可怜。

当然《绿野仙踪》讽刺腐儒，乃至讽刺科举制度，是别有用意的，是为了给冷于冰舍弃一切，入山求道寻找理由。邹继苏这个人物，实在看不出和乾隆有多少关联。《绿野仙踪》第七回回尾诗是，"凶至大虫凶极矣，蝎针蜂刺非比伦。腐儒诗赋也相同，避者可生读者死"。这就把作者的题旨说得十分清楚。

三

哥罐体与乾隆诗关系不大，《绿野仙踪》作者李百川明说那一回故事是嘲讽"腐儒诗赋"的。生活在乾隆盛世的李百川不会去讽刺乾隆，还有一个更简单但也更有力的理由，那就是文字狱。

康雍乾三朝，清廷屡屡制造文字狱，大案一发，牵连无限。当事人动辄被满门抄斩，甚至株连九族。像庄氏《明史》一案，被杀者不下千人。戴名世《南山集》案，"戴名世凌迟处死，戴氏家族凡男子十六岁以上者立斩，女子及十五岁以下男子，发给清朝功臣家作奴仆"。受到牵连的有三百多人（后来康熙帝改戴名世的凌迟为斩刑）。雍正朝有著名的吕留良案和查嗣庭案。

乾隆朝的文字狱案多达一百三十余起，不仅数量多，而且处理之严，株连之广，超过他祖父和父亲。《绿野仙踪》的写作，大约在乾隆十八至二十七年，书前陶家鹤的序言作于乾隆二十九年春二月，书当然是在这之前就完成了。在此期间和之前，乾隆十五年，发生了孙嘉淦伪奏稿案，乾隆十八年，有胡中藻《坚磨生诗抄》案。李百川胆子再大，也不敢以身家性命为赌注，去讽刺当时的皇上，拿御制诗开玩笑。

周作人也想到了这个问题，但他以为，之所以没被人告发，一是“或者由于告发的不好措词”，二是“没有确实的证据”，“假如直说这‘哥罐’的诗是模拟‘圣制’的，恐怕说的人就要先戴上一顶大不敬的帽子吧”。没证据这一条理由，在文字狱中，从来不是理由，既然是罗织罪名，望文生义，捕风捉影，哪里需要证据？若真的讲证据，一大半文字狱也就不会发生了。告发者不好措辞，这是有些道理的，但告发者自己也被牵连，固然有，结果却往往是告发者始料未及的。文字狱的告发者，多是为了得奖赏，还有的是携私嫌报复仇家。尽管可能有“不好措词”的风险，但告发者很可能事先想不到。那么，被告发的风险总是有的。何况书大量印行，被皇帝及其近臣、被各级官员发现，可能性非常大。官员发现了而不告发，本身即是大罪。这样的风险，牵扯着自家和成百上千的家人及亲友的性命，值得抱着侥幸心理去冒一冒吗。今人看从前的事，往往把事情看轻了，很容易做出结论。——扯远了，这倒和知堂老人论《绿野仙踪》无关，他论说古人的文字，向来是不温不火的。

乾隆做了60年皇帝，3年太上皇，活了89岁，算得上中国历史上最“幸运”兼“幸福”的皇帝。他喜欢文艺，处处留痕，连上古流传下来的玉器等文物上，也刻下了他老人家的题词。他的御制诗多达四万余首，差点赶上《全唐诗》的数量。日理万机之余，写出这么多诗，其中没过脑子的，脱口而出的打油诗，自然不在少数。

乾隆的诗既然如此之多，又多不好，除了研究清史者，决心通读的人恐怕不会多。我看了台北故宫乾隆时代文物大展的精美图录，其中有一些乾隆题诗的手迹，继而读戴逸先生的《乾隆帝及其时代》，对乾隆诗发生了一点兴趣，网上搜罗，好歹读了上百首——总数量的小小零头——然而因这一百多首，也觉得乾隆诗比我们想象的复杂。假如专选“知不足斋”那样的作品，弄出一个选集，那乾隆不比权龙襄和史思明强多少；假如换一个人认真选，同样一百多首，读者会觉得，乾隆其实是个不坏的诗人，有些诗也是可以传下去的。乾隆喜欢书画，他题写书画的诗很有一些不错的，如《书法中最喜黄庭坚笔意因而有作》：

羲之称书圣，诸体无不有。齐梁作者无，李唐推颜柳。惜哉世已远，赝者十之九。宋元差可寻，翰墨出亲手。机暇戒宴安，时或游艺薮，就中名迹夥，唯爱鲁直叟。倜傥无安排，潇洒绝尘垢，譬如百尺松，孤高少群偶。信笔一规摹，运腕忘妍丑，所师在神劲，讵论形肖否。伊余有深意，笔谏曾谨守，好尚苟不端，丧德良已厚。所爱汲黯戆，裁诗铭座右。

说实话，历代关于画虎的诗，除了王安石的两首，《虎图》和《阴山画虎图》，就我所读到的，就数乾隆这一首好了。

他的劣诗当然多不胜举，但周作人要把他和“哥罐体”拉上关系，碧云寺石碑上的几首都不相关，而戴逸先生的书中的一首，更有说服力：“乾隆四十一年，他在巡幸途中接到北京下雨的报告，咏诗一首：阁报例应隔日至，均称二寸雨欣滋。然斯乃谓十八彼，料彼未知旬九斯。”

戴逸先生说，这首诗不仅没有诗味，而且意义费解。幸亏诗后附有很长的注文，看注文，才知道事情是这样的：原来乾隆在巡幸中，照例两天收到北京送来的阁报。阁报说北京下了两寸雨，他感到很欣慰。可是又接到直隶的报告，说易州在十九日下雨四寸，易州和北京下的雨量不一样。北京所报是十八日的情形，大约还不知道十九日的情形。戴逸说，这里省略了下雨两寸和四寸的差别，省略了直隶奏报，省略了两地雨量的比较，只剩下十八日和十九日。如不看注，根本弄不清诗的意思是什么。

这才是乾隆笔下的哥罐体。但也不能说明什么。四万多首诗里，找出几首哥罐体、打油诗、道学诗，找出钱钟书说的“押韵的文件”，乃至找出近似他最推崇的杜甫的诗，甚或近似李白和杜牧的诗，都不无可能。那么，和这些能连得起来的，似乎不好说都在影射乾隆。

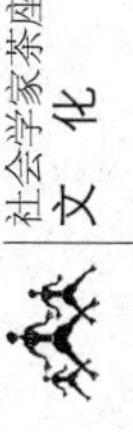

梦回佛罗伦萨

傅 铿

时光倒流到2009年9月初，我们从威尼斯坐火车去佛罗伦萨。约3个小时的路程，到达佛罗伦萨圣诺凡乐火车站已经是晚上9点多了。在火车上就问了一位当地的乘客到“民族大街”如何走，结果下了火车后，那家步行只有五分钟路程的“马基雅弗利宫殿”旅馆还是找了一会儿。迷蒙的夜色中泛着一轮轮橘黄色的灯光，路上的行人懒懒散散，漫步在古色古香的小巷之中，根本没有纽约人那种行色匆匆、眼无旁顾的姿态。和火车站仅一街之隔，就是一个著名的圣诺凡乐教堂，教堂里面有最早发明三点透视的几幅壁画的原作。从我们的旅店的窗口上还可以看到佛罗伦萨大教堂（The Duomo）的红色大圆顶。到旅店房间息脚清洗后，便匆匆来到小巷子里逛街了。快晚上11点钟了，还满街上都是人。不知怎么了，后来晚上做梦时竟也来到了一片片红瓦石墙的佛罗伦萨，早晨起来竟令人搞不清究竟自己是在一个时空错位的梦中，还是置身在一片时间凝固的魔幻古城。

佛罗伦萨之所以令人魂萦梦系，多半是因为它曾是一大批文化巨人的故乡：光是国人非常熟悉的巨人就有但丁、波提切利、达·芬奇、米凯朗琪罗等。米凯朗琪罗的裸体大卫像石雕洒脱地站在市政大楼的左边门外，少女们一个个过来站在大卫像前面拍照，摆出一个用右手收托大卫的姿态，笑容可掬。与米凯朗琪罗的英俊大卫像作比，唐纳特罗的铜雕大卫像则明显流露出一种优雅的阴柔之气。市政大楼的右边是一个一百多平方米的凉亭，里面放着十几座石雕。在凉亭和市政大楼之间是一条狭窄的幽深小巷，小巷的左边走道

傅铿：旅美学人、作家。

上是整齐的一排排拱门。小巷里的优菲兹博物馆收藏着佛罗伦萨最有名的多幅精品油画，它们大多是波提切利和达·芬奇的作品，包括波的《维纳斯的诞生》《春神》，和达·芬奇的《抱着白鼬的女人》《报知》等名画。市政大楼本身也是一个博物馆，里面的百人大厅空旷神秘，四面都是展示佛罗伦萨人战绩的壁画和雕像。市政大楼的左边建有一个海王神喷泉。几匹跃身狂奔的骏马和巨人般的海神的神态栩栩如生，这组群雕应该也是一位著名艺术家的作品。

市政大楼处于佛罗伦萨的中心，面对着一个巨大的市长广场。市政大楼的上面还有一个钟楼。市长广场有如巴黎的协和广场和威尼斯的圣马可广场，前全市最重要的典礼、集会示众和告示都发生在这里。1498 年，邪教首领萨凡纳诺拉，就在市长广场上被处以死刑。他在伟人罗伦佐去世后篡夺市政权利达四年之久。罗伦佐·美第奇当政的 22 年里（1472 ~ 1494）可以说是佛罗伦萨的全盛时期。罗伦佐曾经慧眼识天才，在米凯朗琪罗只有十二三岁的时候，罗便将他收养在自己的美第奇宫殿里，当作自己的亲生儿子一般护养。几年后罗伦佐去世，米凯朗琪罗拿着美第奇家族的推荐信来到罗马开始为教皇工作。

第二天白天，我便将方圆仅为十里左右的古城都走遍了。一早从小巷往东北方向走，五分钟后便到了美第奇家的小教堂。从这里又去了美第奇宫殿。然后一直往东，来到了专门收藏米凯朗琪罗雕塑品的学院馆（The Academy）。从那里经过民俗品小市场再走到佛罗伦萨大教堂。然后到市长广场的一家室外餐厅，举头看着大卫像、海神喷泉和市政大楼边的钟楼，低头则喝上一口纯生啤酒吃着午饭。下午从威奇奥桥上穿过阿诺河来到小宫殿观赏以油画为主的艺术品。晚饭后回到旅店，家人都累得毫无兴致，只我一人又背起相机走入朦胧如梦的夜色之中。走过圣诺凡乐教堂后，又徘徊到罗马人建立的共和国广场。路上看到众多街头艺术家用画笔在马路的石板路面上画画，他们知道第二天他们的作品将被行人和车辆抹去，但这丝毫没有妨碍他们的创作兴致。这未免让我想起了那种西西弗斯的精神——不断地把巨石推上山坡。随后再次来到佛罗伦萨的心脏——市长广场。零星的吉他声从石雕凉亭边传来，然而吸引我的却是从另一个方向传来的女高音歌剧清唱，

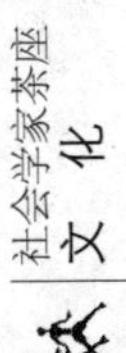

那歌声清脆、圆润、温馨，但带着淡淡的幽怨。交谈之后得知，这位街头歌剧演唱者是一位来自美国的歌剧学生。谈话后心里不免感到有点纳闷：为什么在美国生活了那么多年却从来没有看到过专业的歌剧演唱人在街头“卖唱”呢？心想主要恐怕还是与周围的人如何欣赏一种文化有关。美国欣赏歌剧的人太少，歌剧作为一种阳春白雪只有在很小的范围里由人来品赏了。

由此更近一步联想到，一个特定时期的文化的勃兴，大的如意大利的文艺复兴，公元前 5 世纪古希腊文化的突然兴起，中国春秋战国时期的百家争鸣，唐朝前期的诗歌；较小的则有法国 18 世纪的启蒙运动，德国 18 世纪后期的文化勃兴（涌现了席勒、歌德、洪堡、康德等文化巨人），中国五四时期的文艺复兴，诸如此类，不一而足，它们的突然兴起虽然神秘而不可琢磨，但一定有当时人们的审美趣味在起作用。历史上延传下来的审美趣味至今都在培育佛罗伦萨人热爱歌剧和雕塑等精品艺术，这也是这座古城的特色之一。

现代欧洲艺术发源于意大利文艺复兴，文艺复兴则是古希腊罗马文化的再生。所以欧洲国家中越是靠近意大利，文艺的风格也就越是接近真正的古希腊罗马文化：意大利的雕刻和绘画传到法国，便有了罗可可、巴洛克艺术风格，就连法国人之热爱石雕和喷泉也是从文艺复兴时的意大利人那里学来的。意大利同时也是古典音乐的摇篮，五线谱中的快板和慢板都是用意大利文表示的； 意大利的歌剧传到德国，便产生了贝多芬、莫扎特和瓦格纳的音乐；威尼斯人的商业精神传到不列颠岛，则形成了大英帝国。19 世纪中叶，法国学者米歇来和瑞士学者布克哈特都先后使用了“文艺复兴”一词，来刻画意大利人从 14 世纪以来振兴古希腊罗马文化的潮流。

卢浮宫中两件最为珍贵的石雕便是展翅的胜利女神雕像和断臂米诺维纳斯女神像，两座典雅的石雕都是古希腊留传下来的文物。占据卢浮宫三分之一面积的黎塞留馆全部都是雕塑品，最令人肠断魂飞的是那座小天使和心灵之女（Cupid And Psyche）的石雕：小天使的一吻让心灵之女从死神手中挣脱了出来。卢森堡公园和凡尔赛宫中也到处点缀着大大小小的石雕。梵蒂冈博物馆中最为珍稀的石雕则是当年由米开朗琪罗在圣彼得大教堂中挖掘出来的《拉奥孔》，那父子被蟒蛇缠绕后的痛苦表情石破天惊。梵蒂冈博物馆的展品至少有一半是各种各样的石雕。佛罗伦萨的市长广场则是一个露天的石雕展览馆。16 世纪的石雕高手正是佛罗伦萨之子米开朗琪罗。

米开朗琪罗为圣罗伦佐大教堂中的尼姆斯公爵（Duke of Nemours）朱利亚诺·美第奇的陵墓所作的石雕《夜》，象征着人类的梦。这座命名为《夜》的石雕是一位侧身斜躺着的成年女子。她的身体仍然丰满，曲线分明而优美，但肌肉已经略显松弛下垂。她右手抱着头，正在深深地沉睡着，脚下的猫头鹰象征着黑夜的降临，枕后的恐怖面具则象征着噩梦缠身，她似乎已经筋疲力尽，只有在梦境中才能得到安宁。与《夜》正相对的是一座命名为《昼》的成年男性人体石雕。石雕的脸部粗糙而丑陋不堪，似乎是象征着白日里人们所经受的苦难和内心的折磨。这位男子又好像是刚刚从睡梦中被惊醒，右手在背后支撑着身体，眼睛圆睁着，正越过自己的肩头向前方凝视着。很显然，米开朗琪罗这时已经一反他年轻时偏爱青年男性人体的倾向，而更加喜欢《夜》，而不是《昼》。所以他把《夜》雕塑得比《昼》更加美好而富于慰藉人心的内涵，同时这也恰好符合陵墓雕塑的寓意。白日对生命固然美好，而黑夜对命运悲惨的人更是一种抚慰。《夜》中的女子曲着身子静静地享受梦幻的慰籍，在她身上烙印着白日的磨难与黑夜的解脱。

意大利诗人乔凡尼·斯特罗齐为这尊杰作深受感动，写下了动人的赞美诗句：

夜，为你所看到妩媚地睡着的夜，
却是由一个天使在这块岩石中雕成的；
她睡着，故她生存着；如你不信，
只要你叫她醒来——她将与你说话。

米开朗琪罗也作了一首忧伤而沉痛的诗来回答友人：

睡眠是甜蜜的，成为顽石更是幸福。
只要世上还有罪恶与耻辱的时候，
不见不闻，无知无觉，才是我最大的快乐；
因此，讲话轻些吧，请不要惊醒我，也不要哭泣！

另一对石雕《晨》与《暮》则是为朱利亚诺·美第奇的侄子乌比诺公爵（Duke of Urbino）罗伦佐·美第奇的陵墓而制作。《晨》的形象是一位青春少女的斜躺人体，全身丰满结实，焕发出青春的活力和光彩。她仿佛是从迷

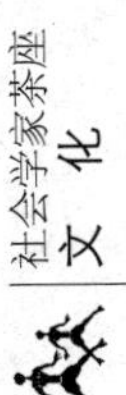

蒙的睡梦中艰难地苏醒过来，表情中只有痛苦而没有欢乐。她的表情像是在告诉人们，睡眠是多么的甜蜜，梦境缥缈又奇妙，而醒来则必须面对丑恶的现实和生活中的烦恼与劳苦。《晨》所塑造的是一种欲醒而未醒的迷蒙神态，犹如刚从不安的梦中被惊醒的瞬间。雕像将女性的身体塑得丰满、健壮，具有刚柔兼蓄的美感，富有弹性的肌体虽然处于睡态，却蕴含勃勃生机，它是静、美和力的交响。与《晨》相对的那座《暮》是一位中年男子的身体，肌肉开始松弛下垂，脸部和眼神显现出发呆的神情，好像是经历了一天的辛劳之后，一心想尽快逃向黑暗之中躲避；他的面部丑陋不堪，从而也只想以黑暗来遮丑。

在这四座石雕中，《夜》显得最为静谧而安详，体态轻盈飘逸，仿佛宁静地沉浸在甜蜜的梦乡之中；《晨》虽然拥有更多青春的魅力，但表情却是不安的痛苦，对即将逝去的梦境万般的难舍难分。最为丑陋的是充满苦难与邪恶的《昼》，《暮》则仿佛是一种迫不及待地逃向黑暗。仔细想想，对大多数人来说，白天只有劳累和压力，而夜晚才是寻欢和自由的时分。然而对美第奇家族这样有权有势的达贵来说，米开朗琪罗的这组石雕艺术表现未免是对人生无常的一种讥讽和感叹。

石雕《夜》大约始于1530年秋，完成于1531年春，《晨》则完成于1531年秋，《昼》与《暮》拖延了几年后才于1534年之前完工。这组石雕是美第奇教皇克莱门特七世于1530年初向米开朗琪罗定做的。克莱门特七世是佛罗伦萨传奇式的伟人罗伦佐 · 美第奇的侄子，1529年他带兵围攻两年前驱逐了美第奇家族的佛罗伦萨共和国。尽管米开朗琪罗一直与各位教皇的关系深厚，但他还是热爱共和国，从罗马回到佛城做了城防卫戍总督。9个月后，佛罗伦萨被教皇攻陷，米成了教皇的阶下囚，米的诸位好友都被引来了杀身之祸。教皇念于旧情和米的旷世天才，仅对米开朗琪罗表示了失望，随后很快就把自己佛罗伦萨美第奇小教堂中家族陵墓的雕塑任务交给了米开朗琪罗。也是这同一位教皇，几年之前，经受了神圣罗马皇帝查理五世的雇佣军对罗马城的大洗劫。这些雇佣军主要来自于路德派新教徒，对教皇恨之入骨。1527 年 5 月 6 日，罗马城破之后，雇佣军抢劫杀人，强奸妇女，无恶不作。教皇在天使岛城堡之中整整躲了 6 个月，然后以 40 万金币向查理五世投降，买下了老命一条。曾是文艺复兴中心的金碧辉煌罗马城从此一蹶不振，人口从 10 万一下剧降到 2 万，意大利文艺复兴也由此走到了终点。罗马大洗劫标志着一个辉煌时代的终结。

米开朗琪罗的组雕正是在这个千年一遇的乱世大背景下，向世人表达了忧伤、绝望乃至厌世的心境。较之大卫石雕的阳光，朝气和理想之人的形象，《夜》和《晨》体现了差不多年届六十的米开朗琪罗的暮气和忧郁。他的大手笔无疑是西斯廷教堂的《创世纪壁画》，同样是由克莱门特临终前订制的《最后的审判》壁画，教皇朱利亚墓地上的摩西石雕，以及由他设计但未能在他生前完工的圣彼特大教堂的圆顶。

米开朗琪罗在十几岁时被洛伦佐 · 美第奇慧眼看中；随后洛伦佐邀请他住进了美第奇宫殿，将他当儿子般护养。1492 年洛伦佐去世后，他在美第奇家族的推荐下，不到 20 岁便来到了梵蒂冈为教皇做事了。他对美第奇家族

一直是感恩不尽的。他的主要作品差不多全是他所共事过的七位教皇订制的。活了将近 90 岁的米开朗琪罗阅尽了人世的沧桑，将其所目睹的人世之悲苦和凄惨凝聚在了《夜》和《晨》的组雕之中。

正如波德莱尔在其一首十四行诗《美》中唱吟道："我从来也不哭，我从来也不笑；我的美犹如石头的梦。"世人却很少知道米开朗琪罗也是一位多才多艺的诗人，他写下了几百首诗，其中多数是十四行诗，这之中有一首十四行诗专门描写了清爽之夜：

啊，夜，令人安慰的夜，当白日终结，
虽然幽暗，你使一切心机平和了却，
啊，有人看见了，悟到了！——他在把你赞美，
正直的人会恰当地褒奖你的珍贵。
你来了，慵倦和无聊抱羞逃溃。
你带来的黄昏宁静而纯洁。
把我从深渊中拉起，拉起——高飞，
在梦中希冀的高度，远离凄惨的世界。
啊，死亡的阴影关闭门扉，
将所有折磨心灵的苦恼拒绝，
你这最后最好的医者，把我们的哀伤舒解，
让发烫的肉体健康重归，
免除我们的苦役，擦干我们的泪水，
平息争执与烦闷，让善良的人安歇。

（邹仲之 译）

中国人 iphone 热的社会学思考

林　寒

面对 iphone，中国消费者一直都有激情，从 iPhone1 到 iPhone 6，他们一路“狂追”，一路“疯抢”，他们被称为“爱疯者”，他们永远追逐最新的一款 iPhone。国外：iphone6 在中国大陆还没开始发售时，他们迫不及待地走出国门，进行全球扫荡，“一群来自中国的消费者”可以为“插队而争吵”，或者“边打麻将边等着买 iphone6”，抑或“带了睡袋搭起帐篷等着 iPhone6 发售”。国内：等了好久终于等到 iphone6 在中国大陆发售，国人有为了 iphone 裸奔的，有为了 iphone 同性接吻的，千奇百怪的现象都有，他们是国内手机市场上一道“奇特”的风景线。他们过于热情的消费行为引发非议，有人称“他们抢购的一幕幕令人心寒”，有人提醒他们“不要迷失了自己”，甚至有人认为“应该鄙视有 iphone6 的消费者”。中国消费者的狂热行为已经不是消费者的个人行为，该群体的行为凸显出一些社会问题，这是一种病态的社会现象。

一、iphone 热背后的驱动力

1. 消费需要导致消费行为。消费需要，指生理或心理的匮乏，个人为了消除由匮乏状态造成的生理或心理紧张而产生的一种冲动和心理倾向，人的消费需要是多种因素共同作用的结果（王宁：《消费社会学》，社会科学文献出版社 2011 版，第 22 页）。

心理需要是消费者购买 iphone 的根本原因。中国消费者对 iphone 的狂热

林寒：武汉大学社会学系博士研究生。

追捧是一种社会心理现象。社会心理是一种低水平的社会意识，它表现为感情、习惯、成见、自发的倾向和信念等，具有非理性、时代性等特点(罗教讲《信息公开、社会基础与社会心理》，《武汉大学学报》2003年第4期)。手机是我们与外界交往的工具，我们都会购买手机，但是购买哪个品牌的手机，更多取决于“心理”。因为iphone的功能及外形都可以被替代，有的手机做得“很像”iphone，但是由于复杂的心理作用，人们不会放弃iphone而选择它；山寨版的iphone“神似”iphone，但由于心理作用，人们不会仅仅追求山寨机的“神似”而降低自己的“档次”。只有经济状况不好、没有途径购买、且不愿意用肾换取真iphone的“屌丝”才会购买山寨iphone，他们渴望周围羡慕的眼神。

iphone迎合了中国消费者的心理需求，最新款iphone类似于名贵项链、手表，在某种程度上可以给拥有者心理上的“满足”和“享受”，拥有最新款iphone的群体被视为“时尚”的群体，或者“经济充裕”的群体，也许有些场合因为你有最新款iphone，你就觉得“得意”“有身份”“有面子”，最新款iphone是你的名片，你可以进入某个“高大上”的圈子，你会有“无形收入”。但是最新款iphone用了一段时间会变“旧”，不像名贵项链、手表，可以保值增值，而且也不具有收藏价值。苹果公司为解决这个问题，他们一直在发行最新一款的iphone，从iphone1到iphone6，以后的iphone7到未来的iphone20、iphone30。最新款永远象征着最新鲜、最诱惑。中国人的心理需求得到了满足，精神也有了寄托。

关于消费需要和消费行为的关系有两种假设：有需要不一定有行动，有行动不一定有需要。有需要不一定有行动，即有购买iPhone的需要，但是没有购买iPhone，因为手机市场上有千万种品牌，iPhone的任何一项功能、任何一款外型都可以被其他数码产品替代，所以，真正“需要”iphone是不成立的。真正“需要”iphone只有一种情况即手机市场只有一种产品——iphone(这种情况在是不存在的)，我们要打电话，我们需要买iphone。有行动不一定有需要，即我买了iPhone但是我完全没有需要，这里的“需要”要排除生理、心理、社会环境、文化传统等所有需要，这种情况可能存在，但是相当少见，比如我处于一个与尘世隔绝的群体中，群体中的所有人(包括我在内）都不用手机，也不知道 iPhone 是什么，象征着什么，我竟然还花重金买了一个 iPhone！还有一种情况，我已经有 iphone 了，家里人也都有了，但是我一口气排队买了一打最新款 iphone，全部放在家里，这种“烧钱”是为了满足心理需要，也称为“炫耀性消费”。所以这两种假设是不成立的。

2. 消费行为同社会环境、文化传统和经济条件相关，是这些客观因素制约和作用的结果。

社会环境影响着消费者的行为。“iphone 时代已经到来”，iphone 的影子随处可见。也许消费者对 iphone 不了解，而且很多功能不会用，但是看到“小伙伴们”“偶像们”都购买了 iphone，所以“我也要买 iphone”——“跟风消费”“攀比消费”。iphone 的质量、颜色、机型等等，都可以被其他数码产品替代。iphone 群体自己也说不出为什么喜欢 iphone，但是他们就是“喜欢”，因为他们周围的人都说“喜欢”，都在用 iphone——“人云亦云”“盲目从众”。

iphone 在中国消费者中备受追捧，还有一个原因就是中国人发现很多美国人在用，中国人对美国有种特殊的“羡慕情结”。中国人去了美国，发现美国人用的手机几乎全是 iphone，他也会买 iphone，而且会带 iphone 回国，回国后他会向他的小伙伴们描述美国人都在用 iphone，他会介绍 iphone 在国外的价格比国内便宜好多（其实通过网络也可以知道），他的小伙伴们便会迫不及待地在全球扫荡 iphone。中国人素来怕被批判为“崇洋媚外”，但 iphone 是产自美国（不是产自日本），他们觉得买美货不会有太大的心理压力和舆论压力。iphone 是消费品，它必须迎合中国的社会环境和文化传统，当 iphone 真正面向中国市场时，且 iphone 自带了包括中文在内的多种语言程序。

大多数中国人理论上能够负担得起 iphone。最新款的 iphone 价格从 5000 到 20000 元不等。价格的贵与不贵是相对于不同的群体而言的。少数高收入群体，他们买 iphone 是“愿不愿意的问题”。白领平均月薪排行如下（人民网，2014 年 3 月 20 日）：上海以 7214 元的月薪高居榜首，超出排在第二的北京 (6947 元) 约 300 元，深圳以 6819 元的月薪排第三。接下来依次为宁波、杭州、广州、苏州、重庆、南京、成都、厦门、无锡、长沙、昆明、

青岛、武汉、大连、天津、福州、合肥，合肥的平均月薪是4698元，在20个城市中是最低者。如果这个数据可靠，在不考虑其他消费的情况下，白领购买一枚iphone是“很轻松”的。而且现在流行一种说法“3000块钱的月薪，你还想招农民工，你也只能招大学生了”，所以“农民工群体”可以更“轻松地购买iphone”。

3.消费行为是后天学习的结果，是个人在社会化过程中习得的。

根据参照群体理论，不管是初级群体还是次级群体，正式群体还是非正式群体，成员群体还是象征群体，他们都会对我们的社会化产生影响，特别是接触群体和仰慕群体对我们形成自己的一般价值或特殊价值，形成自己的态度或行为有重要影响。参考群体可以在消费信息、消费态度、消费规范方面影响我们。自己的朋友、同事、网友、同学、亲戚都可以对我们的消费行为产生影响。比如一个家庭中孩子很喜欢iphone，父母在最初可能觉得孩子的行为不可理解，父母认为iphone很贵，而且用起来又不方便，自己也懒得去学习iphone的操作，但是当父母看到自己的同事都在用iphone时，去问才知道同事也是跟着自己小孩用iphone的，父母对iphone也产生了一定的想法，但是不想在同事面前表现自己对iphone一点也不了解，他们回家后会主动问自己的小孩iphone好不好用，怎么用，然后突然有一天便自己也去排队买iphone，并且为自己的行为感到“骄傲”。

由于iphone抓住了中国消费者的心理特点，考虑到中国消费者的社会环境、文化传统和经济条件，摸清了消费者后天学习的规律，所以iphone热了。

二、理性选择与iphone热

1.不同类型群体的非理性行为。第一种群体：某城市站岗的交警人手一枚最新款iphone，因为该市注意城市形象，交警一人一枚iphone，看似“是可行的而且合理的”，但城市形象应该有更深、更广的国家民族内涵。第二种群体：某市一普通国企的年轻员工大部分选择了分期付款购买新款iphone，而且他们同时还在分期付款买房，由于经济问题，这类群体不适合在短期内购买更新款iphone。第三类群体：有个朋友的月薪3000多，他是靠存钱2个月一次性付款买的iphone，勇气可嘉，但是不值得效仿。第四类群体：

某女生因为男朋友家庭经济较好，自己又追求时尚，好面子，且对iphone有偏爱，读书期间，本科到博士，一直都在换iphone，从iphone2到iphone6（前段时间到香港抢购最新版iphone6）。这是有消费能力但是没有赚钱能力的一类群体，他们成为爱疯者不是光荣的事情。第五类群体：这类人多金，又盲目“赶时髦”。网上流传的案例，东京一位造型霸气的中国猛男买iPhone6后，记者壮了壮胆上前采访：“为啥这么急着买iPhone6？”猛男的回答竟让人心头一软——“想给老家的奶奶打个电话”，iphone的用途具有绝对的可取代性，为了“给奶奶打个电话”而在东京排队购买美国的iphone，这不是理性行为。第六类群体：“人类对理性力量的近乎宗教的盲目崇拜又使理性变成了彻底的非理性，不是一个明智的选择”（莫伟民：《福柯与理性批判哲学》，《中国社会科学》1994年第4期），这类群体就是网络上流传的靠“卖身、卖肾”购买最新款iphone者，iphone在他们心中已经被神圣化了，他们崇拜iphone，为了得到最新款iphone（即将被淘汰的最新款iphone），他们疯狂到不惜付出任何代价！

2. 理性与非理性的较量。当种种复杂的心理驾驭了非理性，人的理性就会被非理性打败。炒iPhone是一种新的经济社会学现象，这是黄牛的理性与消费者的非理性的较量。越有人喜欢最新款iphone，炒的人越多；越炒最新款iphone，越有更多的人喜欢。比如，为供应内地需求“殷切”的iphone6市场，精明的黄牛在中国香港、澳门、美国、德国、日本等地大量购买iPhone6，走私运到中国大陆，这些手机最后都以很高的价格卖给中国消费者。据报道，国内的iPhone6低配置机炒到了13000元左右，高配置机炒到了20000元。炒iPhone是继炒火车票、炒房子、炒盐、炒板蓝根等的又一大“炒点”，但是火车票、房子、板蓝根等都是特定时期人们急需的消费品，处于马斯洛需求层次金字塔的底层。iPhone只是千万种普通数码产品中的一种，iPhone能够被炒起来，消费者的“非理性”起了关键作用。

选择是一次理性与非理性的博弈，选择iphone，你将意味着放弃选择其他产品。假设你花20000元在黄牛手里购买一台最新款的iphone，几个月后你这款iphone只要6000元了，再过3年你手里的同款iphone只要1000元了，而你手里的那款iphone已经旧了，没有收藏价值，你只能把它放二手市场卖掉，但是买家只愿意出几百块钱，或者你直接把它丢弃。也许情况更加糟糕，你花一个晚上排队买到的最新款 iphone，因为你不适应它的巨大尺寸，玩了两下就摔在地上，破了。假如你的月收入是 4500 元，在吃饭方面花 800 元，打车 500 元，人情 600 元，房贷 2200 元，生病 300，如果选择最新款 iphone，你的生活在很长一段时间将无法维持下去。如果不选择最新款 iphone，你可以购买一台 1000 块钱左右的手机加几件像样的衣服，或者考个驾照，或者参加一次公务员培训课，或雅思培训课。

3. 何为理性选择？是否选择购买 iphone 不是区分理性选择和非理性选择的标准。理性是人类的动物本能日益人性化的产物，是人类据以调节和控制自身欲望和行为的精神力量，理性正是在人类社会生活实践中找到了自身存在的坚实基础（刘志伟：《论政治人理性》，中国社会科学出版社 2005 年版，第 208 页）。理性在个体行为选择中的影响具体表现在两个方面：一是在利益目标的确定过程中内化价值观念、文化传统及意识形态等外在因素，使社会关系中的利益冲突限制在社会可以接受的程度内；二是行为选择及行为过程中融入一系列社会行为规范，使个体行为不至于同社会规范发生严重的冲突（詹姆斯 · 科尔曼：《社会理论的基础》，社会科学文献出版社 1990 年版，第 12 页。以下引用该书，只注页码）。一个行动发生的可能性是行动者所期望从多种可能的行动结果中获得的功利函数，行动者的这种行动所追求的是价值或利益的最大化，不同的行动（在某些情况下是不同的商品）有不同的效益，而行动者的行动原则可以表述为最大限度地获取效益（同上书，第 15 页）。

合理性是理性选择的标志，我们不仅要考虑价格的合理性，还要考虑产品用途、产品产地、购买地点等的合理性。受媒体和周围人群的影响，有位朋友在三年前头脑一热便分期付款买了一台 iphone4 合约机（当时的最新款），但是他仅用这个手机打电话、发信息、看网页、打游戏、看电视、听音乐、聊 QQ 和微信等，几百块钱的手机都有这些功能。现在 iphone6plus 是最新款。他的理性选择是：如果手机没有用坏，就不要换；如果换手机，则要根据自己的经济能力、喜好及以前用过的各种品牌的手机的特点，谨慎参考朋友的意见，认真分析媒体广告宣传，选择最适合自己的。马云说，iphone6 在美国是 1200 元，郭台铭 25 元加工费，苹果公司认为中国人人傻又钱多，又一次对中国玩饥饿营销，全世界 iphone6 首发，独缺中国内地，制造供不应求假象，中国人竟通过各种渠道高价购买水货！普京认为，一部烂苹果 6，只是一个通讯工具而已，中国大陆是全球最大的苹果市场却连首发资格都没有，这是侮辱和歧视。可见，产品价格的合理性（产品的价格对购买者的经济状况而言是否合理、价格和价值是否相差太多等），产品用途的合理性（产品是否被充分利用、产品的用途是否具有可替代性等），产品产地的合理性（产品是否产自中国、产品的生产与加工国与中国的关系等），购买地点的合理性（购买地点是否在国内、产品在该国的价格、该国距离中国远近、该国与中国的关系等）等都是理性选择的标准。

三、iphone 热的发展趋势与如何正确引导人们的消费行为

消费者对某种产品的狂热追求有两种规律：一是狂热产生之后一直上升，然后一直平稳发展（A 线）。二是狂热产生后向上发展，然后狂热下降，最后消失（B 线）。iphone 产品打入中国市场，类似于某家连锁餐饮业进军某个城市，作为该城市的第一家，市民们都想图个新鲜，为了吃顿饭可以排队等好几个小时，但是当人们多次尝试这种食物后发现味道不过如此，后来发现原来的老板也换了，而且这种餐饮的食物被其他商家模仿。或者几个月后另外一家特色餐饮店诞生于该市（不管是舶来的还是该市人民开创的），人们发现它的味道较前面那种食物更好，人们便开始热衷于第二种食品。最近几年，iphone 成为一种高档的大众消费品，iphone 靠各种方法维持消费者的热情。iphone 热最近几年呈 A 线，但是 B 线是消费热的一般规律。iphone 能否一直创造神奇，只能让时间见证。

基于上述的种种原因，中国消费者成为 iphone 的“忠实粉丝”。iphone 只是消费品的一种，面对琳琅满目的消费品，消费者不能迷失了自己。引导消费者进行理性消费的几点建议：

1. 消费者要树立正确的消费观。消费者要坚持正常的消费方式，养成正确的消费习惯，以适应社会和经济发展的需要。培养正确的、理性的消费观念，需要把握好消费的“质”与“度”，明白正确消费对个人、对家庭、对社会、

对国家的意义，杜绝“跟风消费”“攀比性消费”“炫耀性消费”“享乐性消费”，树立适应时代潮流的、科学的、文明的理性消费观。不管 iphone 多么流行，不管别人对 iphone 多么狂热，我们始终要根据自身的实际情况，坚持理性消费。

2. 营造理性的消费氛围。一是公众人物的消费观念和消费行为对消费者的消费行为有着深刻的影响，他们的正确消费引导，可以产生良好的社会公众效应，营造理性的社会消费氛围。如彭丽媛选择国产手机，穿唐装对国内消费者产生积极影响。二是大众传媒，如网络、电视台、广播、报刊、杂志等传播媒介，要引导理性消费舆论，积极营造理性消费的社会氛围。三是家庭和学校是青少年的重要的社会化场所，家长和老师在做好言传身教的同时，要及时了解青少年的消费状况，帮助青少年养成良好的消费习惯，对其消费情况进行有效的监控和管理。

3. 发展国家高新技术产业，创立品牌，提高核心竞争力。我们不仅要开发手机高新技术产品，还要大力发展国家高新技术产业。我们不仅要有自己的产品供消费者选择，我们还要有先进技术和创新，让消费者放心地选择。我们不仅要打造国内品牌，还要打造国际品牌。我们不仅要站稳中国市场，还要走向世界市场。

大字报

张　闳

大字报并不产生于“文革”，却是在“文革”期间达到了巅峰状态。提起大字报，总会令人联想到“文革”；同样，提起“文革”，也会想到大字报。大字报是“文革”的第一表达手段。但凡见过“文革”大字报的人，无不为其特殊的形式所震惊。在“文革”高潮期间，大字报铺天盖地，无所不在，其涉及面之广、内容之丰富、形式之多样、表达之奇特、发布之自由，可谓空前绝后。或许，只有互联网时代的BBS和BLOG，才可以与之相提并论。由是而引发的表达自由与话语暴力等相关问题的思考，也再一次被公众所关注。

大字报所创造的特殊的话语形态，对“文革”期间乃至“文革”后的中国社会，产生了极为广泛和深远的影响。这种影响，不仅表现在政治生活方面，而且还表现在话语方式和美学经验方面。今天，当人们说某一文体是“大字报式”的，也就意味着这一文体的作者以“文革”式的方式在表达，或者说，其语言带有恶意的攻击性。一位出生于20世纪60年代作家余华在谈到自己最初的文学经验时，说：

> 每天放学回家的路上，我都要在那些大字报前消磨一个来小时。到了70年代中期，所有的大字报说穿了都是人身攻击，我看着这些我都认识都知道的人，怎样用恶毒的语言互相谩骂，互相造谣中伤对方。有追根寻源挖祖坟的，也有的编造色情故事，同时还会配上漫画，漫画的内容就更加广泛了，什么都有，甚至连交媾的动作都会画出来。

在大字报的时代，人的想象力被最大限度地发掘了出来，文学的一

张闳：同济大学人文学院文化批评研究所教授。

切手段都得到了发挥，什么虚构、夸张、比喻、讽刺……应有尽有。这是我最早接触到的文学，在大街上，在越贴越厚的大字报前，我开始喜欢文学了。

——余华：《自传》

毫无疑问，大字报首先是政治斗争的工具，其次才是文学的载体。

“文革”大字报的史前史

一般认为，大字报的前身是古代中国的民间揭帖。据说，毛泽东曾称：“中国自子产时就产生了大字报。”（参阅李锐：《“大跃进”亲历记》，上海远东出版社 1996 年版，第 195 页）这似乎从历史文化传统的角度为大字报存在的合法性提供了一个方面的证据。毛泽东的这一说法，乃是基于他对大字报的社会功能的理解。他将大字报视作民众政治表达的一种手段，或者说是一种公共舆论的载体，如同子产时代的乡校一样。

古代的揭帖在形式上与大字报相似。揭帖，曾经是官方公文的一种，后一般指公开张贴的告示，并特指私人告示，如寻人启事、寻物启事等，也包括一些属于私人之间互相攻讦的文告，这种就比较接近于现代的大字报。一些民间团体也常常以揭帖的形式宣传自己的主张或者号召民众，如义和团时期拳民经常在公共场所发布揭帖，以打油诗、杂文等形式，披露洋人的罪行，号召民众起事。广义地看，所有张贴在公众场合的大字海报、告示、通令、传单、标语口号、表扬稿（或批评、检讨）、商品广告，都可以称作大字报。但作为具有特殊政治功能的大字报，则起源于 1957 年的反右运动。

据学者罗平汉的考证，第一张现代意义上的大字报出现于 1957 年 5 月 19 日。“5 月 19 日清晨，第一张大字报出现在北大大饭厅灰色的墙壁上，内容是质问北大团委出席共青团三大的北大代表是如何产生的。”（罗平汉：《墙上春秋——大字报的兴衰》，福建人民出版社 2003 年版，第 10 页）这是“文革”大字报的直接起源。之后，在整个反右运动过程中，大字报扮演了十分重要的角色。最初的群众大鸣大放，并通过大字报表达自己的意见，随后，持反对意见的人也通过大字报来进行辩论。随着运动的进一步深化，官方介入大字报对“右派”的批判，有组织的大字报开始出现，舆论倾向发生了逆转。“右派”鸣放的工具转而伤及自身，通过大字报提意见和进行批判的人，自己成了大字报的批判对象和牺牲品。此后，大字报在历次政治运动中，都表现活跃，或成为表达异议的手段，或成为整人的工具。

“炮打司令部”：大字报的政治威力

1966年5月25日，中共北京大学哲学系党总支书记聂元梓与哲学系另6位教师一起，在北大食堂张贴了一张联署的大字报——《宋硕、陆平、彭佩云在文化革命中究竟干些什么？》，其中指控北大党委和北京市委领导破坏“文革”，搞修正主义。

这张大字报出现在中共中央的《五一六通知》发布不久，全中国人对此次运动的真实意图尚不清楚。故该大字报出现后，在学校内部遭到来自领导层的抵制和其他学生的围攻。但在聂元梓等人的背后，有更高层的政治力量在支撑，他们的意见直接来自的中央“文革”小组。聂元梓以及北京大学的造反派，实际上不过是中央“文革”政治意图的一枚棋子而已。1966年6月1日晚，中央人民广播电台在毛泽东批准下播发了聂元梓大字报，次日《人民日报》全文刊载并配发了评论员文章《欢呼北大的一张大字报》，称“聂元梓等同志的大字报，揭穿了‘三家村’黑帮分子的一个大阴谋！”而毛泽东则称这张大字报为“全国第一张马列主义大字报”，并誉为“60年代的巴黎公社宣言”。这张大字报点燃了“文革”的烈火，其直接后果是导致中共北京大学党委的垮台，进而导致了中共北京市委的垮台。聂元梓也因此成为新北大领导机构的主要成员，同时也是北京高校红卫兵造反派学生“五大领袖”之一。

1966年6月20日，《人民日报》编辑部发表社论《革命的大字报是暴露一切牛鬼蛇神的照妖镜》，表达了“文革”官方对大字报的充分肯定。社论称：毛主席说：“大字报是一种极其有用的新式武器。”

“革命的大字报好得很！”“革命的大字报，是暴露一切牛鬼蛇神的照妖镜。你一张，我一张，从各个方面，一下子就让那些反党反社会主义的黑帮露出了真面貌。”

同年8月5日在中共八届十一中全会期间，毛泽东亲自写下《炮打司令

部——我的一张大字报》的评论文章。文章不点名地批判刘少奇，也就是针对刘少奇的大字报。这是刘少奇垮台的开始。最高领袖亲自写大字报，乃是对大字报这一表达手段的最高肯定。随即，全国各地掀起了大字报狂潮。8月9日公布的八届十一中全会公告《中国共产党中央委员会关于无产阶级文化大革命的决定》（简称“十六条”）规定：“要充分运用大字报、大辩论这些形式，进行大鸣大放。”于是，大字报得到了可靠的政治保障，成为当代中国最具杀伤力的政治文体。1975年第四届全国人民代表大会第一次会议及1978年3月第五届全国人民代表大会第一次会议通过的《中华人民共和国宪法》，都分别将“四大”列为“社会主义大民主”和“人民的民主权利”，大字报得到最高的法律形式的保障。

任何一场政治运动中的大字报，表面上看似乎是完全自发的，无须任何审批程序，但从根本上说，仍然服务于毛泽东动员舆论以整肃异己的战略需要，是一种自上而下的权力运作。大字报作为政治运动的形式，大体上总与中共中央或中央“文革”的精神相一致。一张大字报，即具有强大的政治杀伤力，铺天盖地的大字报更是威力无穷。一个人若被造反派和革命群众贴了大字报，被指控者根本没有自我辩解的权利，差不多等于是面临政治上的宣判，其结局轻则名誉扫地，重则死于非命。

大字报的书写形态、传播方式和文体特征

大字报是当代中国特有的传播工具和表达手段。它既是一种媒介，又是一种文体。在印刷媒体高度发达的20世纪，大字报的出现，是一种奇迹。但从根本上说，大字报产生的根源，乃是资讯传播和舆论载体高度垄断和严格控制的结果。民众只能选择一种能够自我支配的便捷的方式——手写发布信息和表达意见。

大字报以手写的方式，书写于大幅的纸张（一般是整张未裁的白纸）上，张贴于墙壁。这一点与墙报相似。但墙报一般为固定的组织机构所主办，是经过组织、编辑过的资讯，它有固定的张贴地点，较为稳定的创办人员，定期发布，而且，往往区分为多个不同功能的版块，基本上接近于报纸的形态。而大字报一般为单篇文章，可分多张纸连续书写，由个人自主发布，没有任何预定的时间和地点限制，随时随地出现，也可能随时随地被其他人的大字报所覆盖。此外，大字报的张贴地点较少受限，可以是墙壁上，也可以是公告栏、大门、窗户，乃至人身上，或者成排悬挂在一根绳子上。

大字报最明显的特征，即使其生产上的便捷性。白纸黑字的手写形式，是一种较为原始的传播手段，但它所需要的外部条件低，而且几乎没有什么成本。手写方式，可以绕开主流的印刷媒体所需要的审查、编辑、校对、印刷、发行等中间环节。大字报的生产工具相当简陋、易得。只需一枝普通的毛笔，一些墨汁（最多加一些红墨水），几张普通的纸（主要是白纸，也有一些是红纸等彩色纸，甚至可以用旧报纸代替），一罐糨糊，大字报的生产便可即时发生。因此，大字报的作者群极为庞大，粗通文墨者即可。

这是一种特殊的中国式的书写：柔软的毛笔，饱蘸着黑色的墨汁，以各种各样的字体，在白纸上留下神奇的方块字——这是几千年来中国人的书写方式。中国人发明了造纸，发明了方块字，并以毛笔书写。他们曾经以这样的方式，写下了唐诗、宋词，也写下了八股文试卷和各种各样的簿记账目，还写下了令人迷醉的水墨画。而现在，在这些白纸上，大字报的书写将掀起空前猛烈的话语风暴。那些历史上曾经以同样的方式书写出来的美好的东西，在这场风暴中也被无情荡涤。

大字报也有其致命的缺陷：速朽性。首先是大字报载体的脆弱性，决定了它难以长时间存在。脆弱的纸张随时会损毁，一阵风、一场雨，就会给它以致命的破坏。这种短暂的存在形式，也会影响到大字报的表达方式。它必须尽可能地吸引人们的注意力，在最短的时间里达到最高效的传播效果。

大字报是这样一种特殊的书写：它是集语言、书法和视像于一身的“三位一体”的综合性艺术。大字报不仅是阅读性的，也是观看性的，甚至首先是诉诸视觉的。书写形式本身，如字体的大小、书法的好坏、标题的醒目与否，都将影响到大字报的阅读。其次才是大字报所提供的资讯内容。因此，大字报的作者往往制造以一个触目惊心的标题来吸引人，如“揭开 ** 的盖子”“** 究竟说明了什么？”“揪出 ** 事件背后的最大黑手！”……他们是最早的“标题党”。书法的好坏也很重要。擅长书法的人，在造反派群体当中，总是最忙碌的，他们的任务最重。写大字报，甚至培养出了一代书法家。在字体上，

大字报的书写也花样百出，如将被批判的对象的名字，加上大红叉叉，或将姓名倒写，或画成某种侮辱性的图像。标点符号，尤其是感叹号、疑问号，往往又多又大，也增强了视觉效果。一些大字报还会在文字中夹杂漫画，图文并茂，效果尤为显著。由于大字报的这种特殊的形式感，大字报的阅读功能就显得更为复杂多样。“文革”期间，看大字报成为当时人们日常生活的一部分。在大字报集中的地方，每天都会有密集的人群，或欣赏，或抄录。人们怀着不同的目的观看大字报，被大字报不同方面的因素所吸引。有的人是为了获取政治运动的最新资讯，有的人可能是对批判对象被揭露出来的个人隐私感兴趣，有的人会欣赏大字报的文采，还有的人甚至只是对漂亮的书法着迷。当然，更多的是看热闹的。

与存在方式上的特殊性相一致，大字报在文体上也形成了其特有的形态。虽然大字报千变万化、花样百出，但仍有其大致固定的格式。首先以《毛主席语录》为题记，开篇描述国内外大好形势，然后转折，矛头指向被批判的对象，对其言行加以披露，并一一驳斥，然后上纲上线，对其进行政治定性，最后以“砸烂”“横扫”“打倒”“万岁”等口号结尾。

清华大学附属中学红卫兵是最早的红卫兵组织，也是最早一批“文革”大字报的作者。1967年7月，清华附中的红卫兵卜大华、骆小海等人写出了《无产阶级的革命造反精神万岁》的大字报，并推出“再论”“三论”“四论”，形成一个系列。其中，《再论无产阶级的革命造反精神万岁》最有代表性，是“文革”大字报的典型文体。

大字报在体裁上丰富多样，短论、杂文、口号、对联无所不包。有时也会直接使用诗歌体裁。总体上是追求短小精悍，直白犀利。大字报的基本逻辑，就是抓住被指控者的只言片语，利用断章取义、牵强附会、张冠李戴、指鹿为马、无中生有的办法，不讲事实根据和基本逻辑，不加论证地直接上纲上线，即使是私人性的交谈、议论，个人日常生活中的私密细节、生活习惯、好恶、情感和隐私，都可以随意被曝光、示众，成为公开的政治评判的证据。在大字报中，谣言与事实，威胁与谩骂，质疑与驳诘，诽谤与挑衅……统统混杂在一起，风格怪诞，富于杀伤力。

大字报文体论辩性强，虽然更多的时候是强词夺理。基本上是毛泽东语录、鲁迅式的杂感，与革命口号、流行语、格言、警句和宣判式的短语等杂糅起来的一种奇特的文体。大字报多用排比句，显得气势汹涌，或以设问、反问等句子进行质问和指控。在毛泽东的《论人民民主专政》《别了，司徒雷登》《〈关于胡风反革命集团的材料〉的序言和按语》等文章和"九评"中，可以看到大字报文风的原型。而这些文章，也正是"文革"大字报作者所仿效的范本。

毛泽东本人也写过一张大字报——《炮打司令部——我的一张大字报》。这张大字报，实际上是毛泽东写在 1966 年 6 月 2 日《北京日报》第 1 版的空白处的，因此，它不是严格意义上的大字报，而是"小字报"。但毛泽东自己将它称之为"一张大字报"，同时，它又无可争辩地成为"文革"大字报的最高典范。应该说，这张大字报的示范意义并不在于其形式，而是在文体上。这张大字报，延续了毛泽东一贯的文风：逻辑强硬、结论武断、语言犀利、节奏铿锵有力、结尾戛然而止而又意味深长。实为大字报中的上乘之作。

大字报的终结与回声

大字报提供了一种无限制的表达自由，这在某种程度上是对"文革"前民众表达权缺乏的一种强有力的反弹。由于缺乏有效的法律保障，大字报的表达权力实际上形成了一种"强者为王"的原则。大字报的作者都试图以声调的高亢、声势的浩大、言辞的恶毒，以越左越革命的政治高调，来压倒对手，甚至不惜诉诸现实的暴力。这种无限制的自由，是以一个群体剥夺另一个群体的表达自由为代价的。正如清华附中红卫兵在一张大字报中所表达的："只许左派造反，不许右派翻天。"

然而，大字报的武器化的写作，本身包含着极大的危险性。大字报就像一把双刃剑，它可以杀伤敌人，也可以自伤。大字报是发动"文革"的导火索，它同时也是毁灭和葬送"文革"的炸弹。

无论如何，大字报提供了一种自由表达的机会。一旦脱离了激烈的政治派性斗争和具体的人身攻击，大字报也有可能为独立思考的写作者提供平台。"文革"反对派也利用大字报公开表明自己的观点。

"文革"后期，大字报的内容变得更加复杂，大多数依然延续"文革"

高潮时期造反派的作风，但独立思考的意见表达也越来越多。大字报诱导出更多的民主和自由表达诉求。如湖南“省无联”造反派杨曦光的《中国向何处去？》，表达了一种激进主义的革命主张，呼吁彻底的革命，实行巴黎公社式的无产阶级政权。广州署名“李一哲”的《关于社会主义民主与法制》的大字报，则表达了对“文革”的反思和批判，呼吁重建社会主义民主与法制。这些大字报，理论性强、论证严密、有完整的逻辑和深厚的理论基础，显然是作者长期思考，深思熟虑的结果。无论在在文风上还是在观念上，都与“文革”主流思潮格格不入。通过这些大字报，可以看见当时的中国社会正在酝酿一场重大的思想变革。这一点，在几年之后就得到了证实。1976年春，“四五”天安门事件爆发，大字报依然是最重要和最普遍的表达手段，但指向的目标则与十年前完全不同，所表达的诉求也判然有别。那些曾经以大字报发动“文革”的政治当权者们，这一次自己却置身于大字报的汪洋大海之中。“四五”运动中，人们提出了更多的政治民主要求，并呼吁结束“文革”极左政治路线。这场运动成为“文革”结束的先声。

1980年2月，中共中央十一届五中全会认为，根据长期实践，根据大多数干部和群众的意见，“四大”（大鸣、大放、大字报、大辩论）没有起到保障人民民主权利的积极作用，相反妨碍了人民正常地行使民主权力。同年9月，第五届全国人民代表大会第三次会议召开，会议讨论了中共中央关于取消“四大”的建议。在这些人大常委中，谈起当年那些“炮轰”“勒令”的大字报，依旧心有余悸，不寒而栗。会议作出决定，修改《中华人民共和国宪法》第四十五条，取消该条中公民“有运用‘大鸣、大放、大辩论、大字报’的权利”的规定。1982年11月下旬至12月上旬的五届全国人大五次会议上通过了修改后的《中华人民共和国宪法》，正式取消了“四大”条文。从此，风行中国数十年的大字报，终于走向了黄昏。大字报成了历史的陈迹。

毛泽东在1957年的一次讲话中，曾经这样谈到大字报：

> 大字报是个好东西，我看要传下去。孔夫子的《论语》传下来了，“五经”“十三经”传下来了。这个大字报传不传下去呀？我看一定要传下去。（毛泽东：《打退资产阶级右派的进攻》，《毛泽东选集》第五卷，人民出版社1977年）

毛泽东如此高度肯定大字报，以致将其“经典化”，与文化史上的经典相提并论。毛泽东的预言似乎并没有真正实现。大字报只存在了20余年的时间。从文化史上看，它是短命的、速朽的。

作为法律意义上的表达权力，大字报的生命终结了。但是，作为一种基本的表达方式，大字报并没有彻底消失。在民众的表达要求得不到满足、民意的传达渠道受到阻塞的情况下，人们还会选择大字报及其类似的形式来表达。大字报的产生，就是因为这样的理由。大字报当初自发地产生，以后也会如此。只要有自由表达的要求，它就很难以法律的手段来解决。当初的产生就是自发的，并不是因为法律规定的权利。那么，它也不一定会因为法律的禁止而消失。20世界90年代中期以来，一些因个人权利受到损害无处申诉、利益冲突中处于劣势的民众，依然选择大字报形式来表达意见。

随着互联网时代的到来，大字报的形式一定程度上在互联网平台上得以复苏。互联网BBS、BLOG等载体，有着与当年的大字报相似的形态、功能和效应。它们都是非主流的民间媒体，是自发性的和开放性的言论平台，真正贯彻人人平等原则，任何人都有同等的发表权利。在表达形式上，它们都追求关注度和视觉冲击力，在众声喧哗的言论空间里，力求发出最强的声音。互联网也常常会使个人隐私公开化，真相和流言交织在一起。毫无疑问，在民意表达缺乏可靠的宪政保障和公正的媒介的情况下，互联网给民意提供了一个相对有效的表达空间。匿名状态更为公众自由言说提供了最充分的保障。匿名状态容易产生不负责任的言论，成为乌合之众的情绪发泄。匿名状态使得互联网言论带有普遍的暴力化倾向。在这个巨大的话语广场上，众声喧哗掩盖了任何个人的声音，没有人在倾听，只有“赞成与反对”的表态。网民开始了一场疯狂的音量竞赛。普通民众的声音长期被压抑，在获得一定的话语权利（尽管是一种虚拟的权利）之后，对话语权威的鄙夷和攻击，是网民赢得话语自尊的基本手段。判断性短语、口号和叹词以及大量的感叹号构成了泄愤的网络文本。似是而非的资讯和被诱导的意见，构成了“虚假民意”的主体，抵消了沉默的大多数的真实诉求。而被“虚假民意”煽动起来的话语暴力，则摧毁了任何可能抗衡“集体歇斯底里”的理性堤坝。由此看来，互联网言论也正面临大字报同样的处境。它是为了保证言论自由的，但却没

有可靠的规则来保证。自由民意的宪政前提是：每一个人都有自由表达的权利；任何人都不会因为表达自己的思想而受到不公正的对待；同样，任何人都必须为自己的言论负责。有效民意首先必须是公开的和透明的，然后才有可能是公正的。否则，将会陷入非理性的话语暴力的循环当中。无论是大字报还是互联网，都是如此。

《社会学家茶座》终刊告读者

岁月不居，时光荏苒。作为山东人民出版社《茶座》系列出版物之一种，《社会学家茶座》创立于2002年，迄于2014年底，已经走过了整整十二个年头。连同本辑在内，《社会学家茶座》总共出版了五十一辑。

《社会学家茶座》的创立，以“大社会学”的理念作为自身的编辑指针。它倡导以深入浅出、鲜活生动的文风，感性与理性兼长并美的多种文体，探讨人文—社会研究的方方面面，评说林林总总的社会现象，分析预测转型社会的各个层面，充分体现当代学人的人文与社会关怀。它既有正襟危坐、渊懿博雅之高文；也有谈古论今、回味绵长之小品；或冷眼观世，哀民生之多艰；或热心建言，忧社会之离散。更有世外闲人，文坛异类，或刻画儒林百态，或描摹众生世相，幽默精警，益人心智。文坛新秀，学界高人，都是茶座的座上之宾。长篇短制，语丝谈片，皆汇入了学人的茗香茶语。它也因此得到了业内人士及广大读者的好评。

在长达十二年、总计五十一辑的编辑制作过程中，我们得到了社会学界及从事人文—社会研究的众多同仁朋友以及广大读者的鼎力支持，在此谨向他们表示衷心的感谢。

由于编者多数已经远逾退休年龄，难于胜任繁剧，本辑作为《社会学家茶座》的最后一辑，其后将不再出版。

时逢新春，岁在乙未，一元复始，万象更新。万千读者、作者正在迎接农历羊年。前瞻未来，新兴媒体的发展正蓬勃兴盛，给我们打开了一个新的天地，我们预祝中国的人文与社会研究事业持续发展、不断繁荣。

《社会学家茶座》编者

2014年12月30日